マーチングバンド全国大会・7度目の日本一をたたえ、池田名誉会長から音楽隊代表にトランペットが授与された（2004年2月5日、本部幹部会・全国青年部幹部会の席上で、東京・創価国際友好会館）

感謝状

音楽隊 殿

不屈の楽聖は叫んだ「音楽は一切の智慧・一切の哲学よりもさらに高い啓示である」皆様方は広布草創より新世紀の今日に至るまで幾十万の軍勢よりも力強い勇壮な旋律と清々しき希望溢れる創造の曲を響かせながら苦悩と失望と不幸に嘆く友に歓喜と勇気と幸福を与え共戦の同志に邪悪の嵐に立ち向かう正義の炎を燃え立たせてくれましたその広布楽雄の偉大なる誉れの青春と妙法流布への多大な貢献を称え創価学会創立七十二周年の佳節を記念してここに感謝状を贈呈いたします

二〇〇二年十一月十八日

創価学会

名誉会長 池田大作

会長 秋谷栄之助

広布楽雄の誉れの青春と妙法流布への多大な貢献に対し贈られた感謝状

「広布の楽雄之像」 台座には「嵐にも あゝ音楽隊 天乃奏 十月十二日」との池田名誉会長の揮毫が刻まれている

音楽隊・鼓笛隊合同演奏会（撮影＝池田名誉会長、
2002年11月17日、東京・創価大学記念講堂）

第6回ビクトリーコンサート

先駆を切るのが音楽隊の使命——創価ルネサンスバンガード
(2002年2月24日、千葉・幕張メッセ・イベントホール)

第１回音楽隊総会で池田会長（当時）がメンバーの中へ（1978年5月5日、東京・創価大学）

音楽隊・鼓笛隊合同演奏会に出席した池田名誉会長は舞台に上がり一人ひとりと激励の握手を（2002年11月17日、東京・創価大学記念講堂）

香港の音楽隊——海外でも音楽隊の活躍は
目覚ましい（1991年1月28日、香港）

メジャー棒を手に音楽隊とともに行進する
池田青年室長（1958年3月1日、静岡）

軽音楽部の演奏に池田名誉会長がドラムセットを叩いた
(1991年5月4日、東京・創価大学)

目　次

Ⅳ 長編詩

装幀　田尻　好範

凡　例

一、本書は、池田名誉会長の左記の著作および「聖教新聞」に掲載されたスピーチ等の中から、音楽隊に関する指針を抜粋、加筆し、「スピーチ・指針集」として収録したものです。

参考にした著書は、『池田大作全集』、小説『新・人間革命』など。

一、記述の年月日については、「随筆　新・人間革命」は掲載日、各種会合等は開催日を記しました。

一、本文中、御書の引用は、『新編　日蓮大聖人御書全集』（創価学会版）を、（御書　ページ）と表記、法華経の引用は、『妙法蓮華経並開結』（創価学会版）を、（法華経　ページ）と表記しました。

〈表紙写真　ＰＰＳ通信社〉

I 句・和歌

絢爛《けんらん》と
世界に響《ひび》かむ
音楽隊
諸天《しょてん》の力《ちから》と
万民《ばんみん》　救《すく》わむ

大芸術《だいげいじゅつ》の英雄《えいゆう》の皆様《みなさま》を讃嘆《さんたん》しつつ
感謝《かんしゃ》　合掌《がっしょう》

二〇〇二年十一月十七日

偉《い》大《だい》なる
広布《こうふ》と文化の
音楽隊
なんと勇気《ゆうき》の
天《てん》の曲《きょく》かな

一九九六年七月十九日
第一回本部幹部会を記念して

高貴《こうき》なる
広宣流布《こうせんるふ》の
音楽隊
世界一なる
文化の大使《たいし》よ

天《てん》の曲《きょく》
天の調《しら》べや
人の舞《まい》
文化の王者《おうじゃ》に
幸《さち》ぞ　多かれ

全軍《ぜんぐん》を
勇《いさ》み　勝利《しょうり》に
導《みちび》かむ
君らの楽器《がっき》は
転法輪《てんぽうりん》かな

二〇〇〇年五月九日
5・9「音楽隊の日」を記念して

日本一
いな世界一の
音楽隊
創価の誉《ほま》れの
楽雄《がくゆう》　燦《さん》たれ

栄冠《えいかん》に
輝《かがや》く君らに
拍手《はくしゅ》せむ
堂々《どうどう》　文化の
帝王《ていおう》なるかな

天《てん》と地に
心と心に
沁《し》みわたる
宇宙《うちゅう》のリズムの
努力《どりょく》の勝者《しょうしゃ》よ

一九九六年一月二十七日

君たちの
汗《あせ》の勲章《くんしょう》
日本一

優勝《ゆうしょう》を
胸《むね》に輝《かがや》く
勝利《しょうり》かな

（二〇〇四年一月十八日。マーチングバンド・バトントワリング全国大会出場。創価ルネサンスバンガードの七度目の第一位を祝福《しゅくふく》して）

懐《なつ》かしき
恩師《おんし》を偲《しの》ばむ
五丈原《ごじょうげん》

今朝《けさ》も聴《き》きなむ
夕《ゆう》べも響《ひび》かむ

（二〇〇三年六月七日。〝五丈原の曲《きょく》〟五十周年に、関西ビューグルバンドの有志《ゆうし》が「星落秋風《ほしおつしゅうふう》五丈原」を演奏《えんそう》したＣＤと指揮棒《しきぼう》を届《とど》けた際《さい》に）

〈創価ルネサンスバンガードの友へ〉

偉大《いだい》なる
天下《てんか》に響《ひび》かむ
音律《おんりつ》は
おおバンガードの
師子《しし》の行進《こうしん》

〈しなの合唱団の友へ〉

堂々《どうどう》と
日本一をば
歌いたる
しなのの合唱《がっしょう》
天《てん》にも舞《ま》いたり

（二〇〇二年九月二十二日。ジャパンカップ・マーチングバンド・バトントワリング全国大会で創価ルネサンスバンガードが優勝。しなの合唱団が都民合唱コンクールで三度目の第一位の報に接して）

〈関西音楽隊の友へ〉

偉大《いだい》なる
　広宣流布《こうせんるふ》の
　　指揮棒《しきぼう》を
君も振《ふ》るえや
　我《われ》も指揮とる

〈中部音楽隊の友へ〉

美事《みごと》なる
　大音楽の
　　中部かな
来《く》る年　来る年
　連続《れんぞく》　勝《か》ちたり

〈岡山音楽隊の友へ〉

壮大《そうだい》な
　師弟《してい》と完勝《かんしょう》
　　晴《は》ればれと
勝利《しょうり》の太鼓《たいこ》は
　世界に響《ひび》かむ

（二〇〇一年一月七日。マーチング
バンド・バトントワリング全国大会
出場にあたり）

常勝《じょうしょう》の
進軍《しんぐん》ラッパの
関西は
平和と文化の
先頭《せんとう》立つかな

勇《いさ》ましく
また朗《ほが》らかに
広宣《こうせん》の
足並《あしな》み揃《そろ》わむ
常勝ラッパに

悠然《ゆうぜん》と
広宣ラッパは
高らかに
反戦《はんせん》平和の
文化の響《ひび》きと

(二〇〇〇年一月二十六日。関西ビューグルバンドのマーチングバンド・バトントワリング全国大会出場にあたり)

Ⅱ 指針・随筆

全日本合唱フェスティバル
第56回 全日本合唱コンクール全国大会
＜大学・職場・一般部門＞
朝
Japan Choral Association

◆「随筆 新・人間革命」
創価の楽雄《がくゆう》・音楽隊

轟《とどろ》け！ 正義《せいぎ》の曲《きょく》 勇気《ゆうき》の行進

（二〇〇二年十一月二十二日）

あの響《ひび》きは天《てん》まで動かし、人びとの嘆《なげ》きをば心から砕《くだ》きぬ。

そして、若《わか》き帝王《ていおう》のごとく、平和への暁《あかつき》に向《む》かって、文化と芸術《げいじゅつ》の花開《はなひら》く大道《だいどう》を、誉《ほま》れも高く諸天《しょてん》から祝福《しゅくふく》されながら、勝利《しょうり》の光り立つ魂《たましい》は勝《か》ち躍《おど》っていた。

人の世《よ》の、嫉妬《しっと》の荒《あ》れ狂《くる》う、怒《いか》りの掻《か》き曇《くも》る彼方《かなた》をめざして、君は喜《よろこ》びを撒《ま》き散《ち》らしながら、永遠《えいえん》に勝利の続《つづ》きゆく光彩《こうさい》の大道を今日《きょう》も進《すす》む。

君の指揮《しき》とる、魂まで揺《ゆ》り動かしてゆく妙《たえ》なる大音楽は、遠《とお》く、はるか遠くまで、淋《さび》しい人にも、苦《くる》しい人にも、そして悲《かな》しい人にも、怒りの人にも、生き抜《ぬ》く正義の願《ねが》いが燃《も》えゆくように、胸《むね》に響《ひび》き渡《わた》る。

ある時は、優《やさ》しい笑《え》みを贈《おく》ってくれる。

ある時は、怒濤《どとう》のごとき勇気《ゆうき》と決意《けつい》を贈ってくれる。

ある時は、心を洗《あら》い、歓喜《かんき》を贈ってくれる。

また、ある時は、宿命《しゅくめい》の日々を断《た》ち切《き》りながら、心許《ゆる》した人と語《かた》り合《あ》う心、優しい涙《なみだ》を贈ってくれた。

そして、傷《きず》ついた私に微笑《びしょう》しながら、闘争《とうそう》と勝利《しょうり》への決意と試練《しれん》に耐《た》える心を贈ってくれる。


今、私たちは世界の広宣流布《こうせんるふ》へ、人類《じんるい》の願望《がんぼう》しゆく極致《きょくち》の正義《せいぎ》の大法《だいほう》を勇《いさ》み広げている。その先頭《せんとう》に立って、人びとの魂《たましい》に炎《ほのお》の点火《てんか》をさせゆく勇敢《ゆうかん》なる使命《しめい》の楽団《がくだん》こそ――わが音楽隊の諸君《しょくん》である。

毎月の本部幹部会、そして、多くの祝賀《しゅくが》の会合では、全員が音楽隊の出番《でばん》を楽《たの》しみにしている。

指揮者《しきしゃ》のタクトが一閃《いっせん》すると、規則正《きそくただ》しい歓喜《かんき》と決意《けつい》を振動《しんどう》させながら、その響《ひび》きは、私たちの全身《ぜんしん》を旋回《せんかい》し前後して、希望《きぼう》の高まりがうねるように快活《かいかつ》に燃《も》えあがっていく感《かん》がする。

あの「ああ紅《くれない》の……」の歌の演奏《えんそう》を聴《き》くと、黒雲《こくうん》を破《やぶ》って、大空の心に太陽が昇《のぼ》るようだと讃《たた》えた著名人《ちょめいじん》がいた。

あの「母」の調《しら》べが流《なが》れると、静穏《せいおん》の彼方《かなた》に微笑《ほほえ》む母の姿《すがた》が誰《だれ》もの瞼《まぶた》に浮《う》かぶ。

私自身《じしん》、音楽隊の演奏で、「皆《みな》と共《とも》に」の心情《しんじょう》のままに、今回の〝本幹〟のごとく、学会歌の指揮《しき》をとらせていただいたことも数多《かずおお》い。

この音楽隊の名《めい》演奏とともに、絶妙《ぜつみょう》な魂《たましい》と魂を昇華《しょうか》させながら、広布《こうふ》の若《わか》き英雄《えいゆう》たちは、情熱《じょうねつ》と決意を到達《とうたつ》の一点に盛《も》り上《あ》げていった。

本年（二〇〇二年）の十一月三日（文化の日）には、創価グロリア吹奏楽団《すいそうがくだん》が、大阪で開催《かいさい》された全日本吹奏楽コンクールの全国大会で、見事《みごと》に三度目の金賞に輝《かがや》いた。

昭和二十九年、私が音楽隊の結成《けっせい》を進言《しんげん》すると、幹部たちは「音楽が広宣流布《こうせんるふ》に何の関《かん》係《けい》があるのか」等々、口《くち》を揃《そろ》えて反対《はんたい》した。

一人《ひとり》、戸田先生だけが励《はげ》ましてくださった。

「大作がやるんだったら、やりたまえ！」

我《われ》らの〝広布《こうふ》の楽雄《がくゆう》〟音楽隊は、いわば戸田先生と私が創立者《そうりつしゃ》である。

最初は楽器《がっき》も自前《じまえ》で揃わず、借《か》り集《あつ》めなければならなかった。結成直後《けっせいちょくご》の初出演《はつしゅつえん》の行事《ぎょうじ》は本山《ほんざん》であったが、あいにくの雨。しかし、皆《みな》、意気軒昂《いきけんこう》に演奏《えんそう》し抜《ぬ》いた。

ただ、借りた楽器を濡《ぬ》らして、少々、途方《とほう》に暮《く》れる一幕《ひとまく》もあったようだ。私は早速《さっそく》、自力《じりき》で工面《くめん》し、楽器を買《か》って贈《おく》った。

揃いの制服《せいふく》もなかった。蝶《ちょう》ネクタイを着《つ》け、膝《ひざ》から下は白い脚半《きゃはん》を巻《ま》いて行進《こうしん》した。

皆、真剣《しんけん》であった。広宣流布《こうせんるふ》という使命《しめい》を誇《ほこ》りとしていたからだ。

ともあれ私は、時代とともに、音楽隊の必要性《ひつようせい》は、ますます大事になることを信じていた。

今もって、私が忘《わす》れられないのは、昭和三十二年の七月十七日のことである。

私は、大阪拘置所《こうちしょ》に囚《とら》われていた。新《あら》たな民衆勢力《みんしゅうせいりょく》の台頭《たいとう》を恐《おそ》れた権力《けんりょく》は、四月に大阪で行《おこな》われた参院補欠選挙《さんいんほけつせんきょ》の最高責任者《せきにんしゃ》であった私を、無実《むじつ》の選挙違反容疑《いはんようぎ》で、逮捕《たいほ》・勾留《こうりゅう》したのである。

師《し》と学会を守《まも》らんとの孤独《こどく》な獄中闘争《ごくちゅうとうそう》は、既《すで》に二週間に及《およ》んでいた。

この日の朝《あさ》、堂島川《どうじまがわ》を挟《はさ》んだ対岸《たいがん》の中之島《なかのしま》から、懐《なつ》かしき学会歌の力強《ちからづよ》き曲《きょく》が、辺《あた》りを打《う》ち破《やぶ》るごとく聞こえ始《はじ》めた。

東京から夜行《やこう》で大阪に駆《か》けつけた音楽隊の有志《ゆうし》、十数名による怒《いか》りの演奏《えんそう》であった。

その気迫《きはく》に押《お》されるがごとく鉄《てつ》の扉《とびら》が開《ひら》き、私が釈放《しゃくほう》されたのは、ちょうど正午《しょうご》のことだった。

私は直《ただ》ちに伊丹空港《いたみくうこう》に向《む》かった。夕方《ゆうがた》に予定《よてい》されていた抗議集会《こうぎしゅうかい》「大阪大会」に出席《しゅっせき》される、戸田先生をお迎《むか》えするためである。

空港に到着《とうちゃく》されるや、戸田先生は、音楽隊の来阪《らいはん》について、語気鋭《ごきするど》く聞かれた。

「来ているか！」

民衆が邪悪《じゃあく》と戦《たたか》うために、勇壮《ゆうそう》な音楽が欠《か》かせないことを師は見抜《みぬ》かれていたのだ。

正義《せいぎ》によって立て！

ここに、わが音楽隊の誇《ほこ》り高き永遠《えいえん》の使命《しめい》もある。

昭和五十三年の天《てん》も晴《は》れわたる五月五日、全国の凜々《りり》しき音楽隊の代表たちが、皆《みな》の憧《あこが》れの創価大学の広々《ひろびろ》としたグラウンドに、初《はじ》めて一堂《いちどう》に会《かい》したのであった。

歴史的《れきしてき》な第一回音楽隊総会である。第一次の宗門事件《しゅうもんじけん》の嵐《あらし》が、学会の攪乱《かくらん》を狙《ねら》って、荒《あ》れ狂《くる》っていた頃《ころ》である。

その黒雲《こくうん》を破《やぶ》るがごとく、若《わか》き楽雄《がくゆう》らは「我《われ》らの正義の師子《しし》吼《く》を聴《き》け！」と、勇壮《ゆうそう》にして威風堂々《いふうどうどう》の曲《きょく》をはじめとして、皆が一段《いちだん》と決意《けつい》を深《ふか》め歓喜《かんき》しゆく学会歌を轟《とどろ》かせてくれたのであった。

「あまりにも偉大《いだい》なる光景《こうけい》を私は見た。学会は強《つよ》い。学会は伸《の》びる」とは、来賓《らいひん》の声であった。

総会の最後に、短《みじか》い挨拶《あいさつ》をした私は、そのままグラウンドに下《お》り、音楽隊員《たいいん》の人波《ひとなみ》のなかを進《すす》んだ。

彼《かれ》らは握手《あくしゅ》を求《もと》め、また、私の胸《むね》に飛《と》び込《こ》んできた。制帽《せいぼう》の下からのぞく、汗《あせ》と涙《なみだ》と土《つち》ぼこりで黒《くろ》くなった顔《かお》が、まぶしかった。

会長職を退《しりぞ》く一年前のことである。

苦難《くなん》の時こそ、青年を育《そだ》てる。嵐《あらし》の時代こそ、狡《ずる》い大人《おとな》ではなく、若《わか》い力《ちから》を信じるしかない。これが、私の率直《そっちょく》な思いだった。

こうして第三代の会長として飾《かざ》った最後の「5・3記念行事」が、音楽隊総会となったのである。

時代が音楽をつくるのか。音楽が時代をつくるのか。

フランス革命《かくめい》は、素人《しろうと》音楽家の青年将校《しょうこう》が一晩《ひとばん》で書き上げた「ラ・マルセイエーズ」の曲《きょく》とともにあった。

米国では、「ウィ・シャル・オーバーカム」の歌声《うたごえ》が、キング博士の率《ひき》いる公民権《こうみんけん》運動に加《くわ》わった人びとを一つに結《むす》びつけた。

御書には「音の哀楽《あいらく》を以《もっ》て国の盛衰《せいすい》を知る」（八八《ジペー》）と引《ひ》かれている。

今日《こんにち》ほど、不安《ふあん》と無気力《むきりょく》の哀音《あいおん》を破《やぶ》り、生命力《せいめいりょく》に満《み》ちた音律《おんりつ》を広げる、文化の旗手《きしゅ》が求《もと》められている時代はないだろう。

法華経《ほけきょう》には、妙音菩薩《みょうおんぼさつ》の行くところ、百千の天《てん》の音楽が鳴《な》り響《ひび》くと説《と》かれる。まさに荘《そう》厳華麗《ごんかれい》なパレードだ。

信仰《しんこう》は目に見えない。だからこそ、信仰で得《え》た喜《よろこ》びや境涯《きょうがい》を、人びとにわかるように表《ひょう》現《げん》しなければならない。

音楽や芸術《げいじゅつ》は、まさにその表現であり、妙音菩薩の壮麗《そうれい》な音楽は、信仰の歓喜《かんき》から発《はっ》するものといってよい。

マーチングバンドの全国大会で、音楽隊の創価ルネサンスバンガードが六度の日本一の栄冠《えいかん》に輝《かがや》いたように、わが音楽隊は名実共《めいじつとも》に日本第一の力量《りきりょう》となった。

音楽隊の勝利《しょうり》こそ、文化の勝利であり、信仰《しんこう》の偉大《いだい》さの証明《しょうめい》にも通《つう》じるのだ。

華《はな》やかな舞台《ぶたい》の陰《かげ》には、必《かなら》ず人知《ひとし》れぬ努力《どりょく》がある。

練習会場の確保《かくほ》も大変《たいへん》だ。がらんとした夜の工場や、寒風《かんぷう》が吹《ふ》きさらす河川敷《かせんじき》の場合《ばあい》が多かった。

仕事や学業《がくぎょう》を終《お》えたあと、また学会活動の合間《あいま》を縫《ぬ》いながら、「一人欠《ひとりか》けても楽団《がくだん》の本当の音は出なくなる」と、息《いき》せき切《き》って駆《か》けつけるあの友この友。

小柄《こがら》な体《からだ》が隠《かく》れてしまうほど大きな楽器《がっき》を運《はこ》ぶ、中等部の隊員《たいいん》の姿《すがた》も見えた。そんなメンバーに、兄のごとく勉強を教える男子部の隊員もいた。帰宅《きたく》が遅《おそ》くならないように、先輩《せんぱい》が気を使った。

音符《おんぷ》は一つだけでは曲《きょく》にならない。長短《ちょうたん》、高低《こうてい》、多彩《たさい》な音符が組《く》み合《あ》わさり、そこに名《めい》曲《きょく》が生まれる。

楽雄諸君《がくゆうしょくん》は、同志《どうし》と励《はげ》まし合いながら、常《つね》に最高の鍛錬《たんれん》と友情の名曲を作っているのだ！

かつて私が音楽隊に与《あた》えた課題曲《かだいきょく》の一つにタイケ作曲《さっきょく》「旧友《きゅうゆう》」がある。君たちこそ、永《えい》久《きゅう》に信仰《しんこう》と音楽で結《むす》ばれた「旧友」である意義《いぎ》を訴《うった》えたかったのだ。

そして創価の同志を、世界の国と国、人と人とを、音楽の力《ちから》で「旧友」のごとく永遠《えいえん》に結んでくれ給《たま》え！

革命詩人《かくめいしじん》バイロンが謳《うた》った出陣《しゅつじん》の合図《あいず》が聞こえる。

「鼓手《こしゅ》よ、鼓手よ！　遠くより轟《とどろ》きたれば
勇士《ゆうし》の胸《むね》は躍《おど》り、戦《たたか》いの時は迫《せま》りて　……　……
みなその轟きに起《た》ち上《あが》る」（『バイロン詩集』阿部知二訳、彌生書房、傍点は引用者）

さあ、新しき人生は、新しき出発《しゅっぱつ》をしよう！
絢爛《けんらん》たる民衆《みんしゅう》文化を開《ひら》く、創価の人間主義《しゅぎ》の遠征《えんせい》へ！

◆「随筆　新・人間革命」
「3・16」の大儀式を偲《しの》びつつ

われは師弟《してい》の誓《ちか》いを果《は》たせり

（一九九八年三月八日）

われは、師弟の誓いを果たしたり。
われは、同志《どうし》の誓いを果たしたり。
われは、わが信念《しんねん》の目的《もくてき》を果たしたり。

富士《ふじ》の裾野《すその》に集《つど》いし、あの日から、新しき広宣流布《こうせんるふ》の回転《かいてん》は始《はじ》まった。
この日は寒《さむ》かった。
秀麗《しゅうれい》なる富士が、堂々《どうどう》と見守《みまも》っていた。

「3・16」の儀式《ぎしき》は、晴《は》ればれとしていた。

戸田先生が、若《わか》き青年部に、確《たし》かに、広宣流布《こうせんるふ》をバトンタッチすると宣言《せんげん》なされた。若き弟子《でし》たちの心は燃《も》えた。使命《しめい》は炎《ほのお》と燃え上がった。

一九五八年（昭和三十三年）のあの日、余命幾《よめいいく》ばくもなき、われらの師《し》・戸田城聖《じょうせい》先生のもとに、六千名の若き弟子《でし》が集《あつ》まった。

皆《みな》、生き生きと、この日を祝《いわ》った。日本中から集《つど》った若き広宣の健児《けんじ》が、握手《あくしゅ》をしたり、肩《かた》を叩《たた》いたり、談笑《だんしょう》している姿《すがた》は、未来《みらい》の勝利《しょうり》を勝《か》ち取った喜《よろこ》びの姿に見えた。

あの日から、四十周年の不滅《ふめつ》の歴史《れきし》が流《なが》れた。

この年の三月、一カ月間にわたり、先生のご生涯《しょうがい》の総仕上《そうしあ》げともいうべき、数々《かずかず》の行事《ぎょうじ》が続《つづ》いていた。

二月末、先生ご到着《とうちゃく》。お体《からだ》の具合《ぐあい》は甚《はなは》だ悪《わる》い。何度も医師《いし》を呼《よ》ばねばならぬ状況《じょうきょう》であった。しかし、病篤《やまいあつ》き広布《こうふ》の師の声は、厳然《げんぜん》として鋭《するど》かった。

「大作、絶対《ぜったい》に、私の側《そば》から離《はな》れるな。いいか、四六時中《しろくじちゅう》、離れるな！」

思えば、先生はつねに「私のいる所が本部だ」と言われていた。

早朝《そうちょう》から深夜《しんや》まで、師《し》は私を呼《よ》ばれた。時には、午前《ごぜん》三時ということもあった。急《いそ》ぎ駆《か》けつけると、先生は「大作は、隼《はやぶさ》のようだな」と一言《ひとこと》。先生をお守《まも》りするため、そのまま一日、寝《ね》ずに駆《か》け回《まわ》ったこともあった。

前年十一月に倒《たお》れられた時も、「大作はいるか！ 大作はいるか！」と、私を呼ばれ続《つづ》けた先生。

恩師《おんし》は、その病《やまい》を乗《の》り越《こ》えられ、三カ月後の二月十一日、五十八歳のお誕生日《たんじょうび》には、快《かい》気祝《きいわ》いをされた。医師《いし》も驚《おどろ》くほどの、奇跡的《きせきてき》な回復《かいふく》ぶりであった。妙法の大功力《だいくりき》を実証《じっしょう》されたのである。

しかし、先生の命《いのち》は、燃《も》え尽《つ》きんとしていた。死《し》の方向《ほうこう》へと進《すす》んでいた。それを知るは、先生ご自身《じしん》と、真正《しんせい》の弟子《でし》である私だけであった。

三月一日、先生は、私に言われた。

「大作、あとはお前だ。頼《たの》むぞ！」

それからまもなく、こう提案《ていあん》された。

「三月十六日に、広宣流布《こうせんるふ》の模擬試験《もぎしけん》、予行演習《よこうえんしゅう》ともいうべき、式典《しきてん》をしておこう！」

先生は、再起《さいき》は不能《ふのう》であり、みずからが、ふたたび広宣流布の陣頭指揮《じんとうしき》をとることはできないと、悟《さと》られていた。

御聖訓《ごせいくん》には「命限《いのちかぎ》り有《あ》り惜《おし》む可《べ》からず遂《つい》に願《ねが》う可きは仏国也《ぶっこくなり》」（御書九五五ジベー）と、仰《おお》せである。「3・16」は、その御遺命《ごゆいめい》のままに生き抜《ぬ》かれた先生の、不惜《ふしゃく》の精神を永遠《えいえん》にとどめ、受《う》け継《つ》ぐ儀式《ぎしき》であった。また、先生から私へ、広宣流布の印綬《いんじゅ》が渡《わた》される二人《ふたり》の式典であり、師弟《してい》の不二《ふに》の儀式であった。

私は、その深《ふか》い意義《いぎ》を噛《か》み締《し》めつつ、いっさいの責任《せきにん》を担《にな》い、全力《ぜんりょく》で大儀式の準備《じゅんび》にあたった。

先生のお体《からだ》は、日ごとに衰弱《すいじゃく》されていったが、「3・16」を迎《むか》えるまでは、私に、そして青年に、後事《こうじ》を完璧《かんぺき》に託《たく》すまではと、必死《ひっし》に、死魔《しま》と闘《たたか》われた。

私は、つねにお側《そば》に随《したが》い、師にお仕《つか》えした。先生は、幾度《いくたび》となく、私を呼《よ》ばれては、重《じゅう》要《よう》な広布《こうふ》の未来図《みらいず》を語《かた》ってくださった。

先生の一言一言《ひとことひとこと》は、すべて、私への遺言《ゆいごん》となった。全部が、後継《こうけい》の大儀式《だいぎしき》の〝序分《じょぶん》〟となった。

この「3・16」の大儀式には、総本山《そうほんざん》の見学《けんがく》も兼《か》ねて、ある政治家が出席《しゅっせき》する予定であった。

このころは、まだ宗門《しゅうもん》にも多少《たしょう》の「清流《せいりゅう》」があった。しかし、今は、完全《かんぜん》に「濁流《だくりゅう》」と化《か》してしまった。

その政治家と戸田先生とは、友人であった。

だが、当日の朝《あさ》になって、周囲《しゅうい》からの横槍《よこやり》が入《はい》り、「欠席《けっせき》する」と電話してきたのである。

先生は激怒《げきど》された。電話口で、「あなたは、青年たちとの約束《やくそく》を破《やぶ》るのか！」と、鋭《するど》い語調《ごちょう》で叫《さけ》ばれた。

電話を切《き》られると、先生は、こうもらされていた。

「政治家は、所詮《しょせん》は妥協《だきょう》だ。そして、今度は裏切《うらぎ》りか。これが日本の政治家の本質《ほんしつ》だ」

毀誉褒貶《きよほうへん》は世《よ》の習《なら》いとはいえ、風聞《ふうぶん》になびき、自己《じこ》中心に利害《りがい》のみで行動する輩《やから》の、なんと多きことか。信念《しんねん》がない。何のため、という目的《もくてき》がない。

まして、人々に奉仕《ほうし》するなどという考《かんが》えそのものが決定的《けっていてき》に欠落《けつらく》した徒輩《とはい》の、なんと目《め》立《だ》つことか。

足《あし》を引《ひ》っ張《ぱ》り合《あ》い、力《ちから》ある人を認《みと》めず、われ賢《かしこ》しと錯覚《さっかく》して、小さき島国《しまぐに》で世界の趨勢《すうせい》に気づかず、ちっぽけな自己満足《まんぞく》に溺《おぼ》れる——戸田先生は、政治家たちのその本質を、鋭《するど》く見《み》抜《ぬ》いておられた。歯牙《しが》にもかけられなかった。

「だれが来《こ》なくとも、青年と大儀式《だいぎしき》をやろうではないか！」

先生に、落胆《らくたん》は微塵《みじん》もなかった。後継《あとつ》ぎの真実《しんじつ》の青年さえいれば、それでよいというのが、先生の胸奥《きょうおう》のお心であった。

また、先生は、まだ儀式の日程も決まらぬうちから、青年をどうやって励《はげ》まそうかと、次々《つぎつぎ》に手を打《う》たれていた。

早朝《そうちょう》、到着《とうちゃく》することになる青年たちのために、豚汁《とんじる》を振《ふ》る舞《ま》う用意《ようい》もされた。

その時、三頭《とう》の豚《ぶた》をつぶしたが、先生は「皮《かわ》は残《のこ》しておけ」と命《めい》ぜられた。

先生の逝去後《せいきょご》、私は、この豚皮《ぶたがわ》でペンケースを作り、青年の代表、百七人に贈《おく》った。〝絶《ぜっ》対《たい》に、亡《な》き恩師《おんし》の心を忘《わす》れるな、生涯《しょうがい》、学《まな》べ、生涯、戦《たたか》い続《つづ》けよ〟との思いをこめて。


「私が断固《だんこ》として指揮《しき》をとるからな」

戸田先生は、こう言われたが、お体《からだ》の衰弱《すいじゃく》は極限《きょくげん》に達《たっ》していた。すでに、歩《ある》くことも困《こん》難《なん》になっていた。

私は、先生をお乗《の》せするために、信頼《しんらい》する青年に指示《しじ》して、車駕《しゃが》を作った。

先生は、「大きすぎて、実戦《じっせん》に向《む》かぬ！」と叱責《しっせき》された。

最後の最後まで、命《いのち》をふりしぼっての、愛弟子《まなでし》への訓練《くんれん》であった。そのありがたさに、私は心で泣《な》いた。

弟子の真心《まごころ》に応《こた》え、先生は車駕にお乗りくださり、悠然《ゆうぜん》と、指揮をとられた。

車駕を担《かつ》いだ青年たちの顔《かお》には、喜《よろこ》びがあふれ、額《ひたい》には、黄金《おうごん》の汗《あせ》が光っていた。

晴《は》れの式典《しきてん》の席上《せきじょう》、戸田先生は宣言《せんげん》された。

「創価学会は、宗教界の王者《おうじゃ》である！」

この師子吼《ししく》を、私は生命に刻《きざ》んだ。否《いな》、断《だん》じて〝王者〟たらねばならぬと、深《ふか》く、深く心に誓《ちか》った。

「宗教界の王者」とは、思想界《しそうかい》、哲学界《てつがくかい》の王者という意義《いぎ》である。

王者の「王」の字は、横《よこ》に「三」を書き、「一」の字を縦《たて》に書く。「三・一六」の「三」と「一」に通《つう》じようか。

また、「六」とは、集《つど》い来《きた》った六千の使命《しめい》の若人《わこうど》、そして、後《あと》に続《つづ》く六万恒河沙《ごうがしゃ》の地涌《じゆ》の同志《どうし》なるか。

「3・16」の大儀式《だいぎしき》は、「霊山一会儼然未散《りょうぜんいちえげんねんみさん》」（霊山一会儼然として未《いま》だ散《ち》らず）の姿《すがた》さながらに、われらには思えた。

式典終了後《しきてんしゅうりょうご》、バスで帰途《きと》につく青年たちを、私は、音楽隊のメンバーとともに、全魂《ぜんこん》をこめて見送《みおく》った。

やがて、彼《かれ》らも帰《かえ》る時刻《じこく》となり、あいさつに来た。その時、私は音楽隊長に頼《たの》んだ。「申《もう》しわけないが、もう一曲《きょく》、演奏《えんそう》してくれないか。二階に戸田先生がおられる。お別《わか》れの曲を一曲」

隊員《たいいん》たちは、快《こころよ》く荷《に》をほどき、一生懸命《いっしょうけんめい》に演奏してくださった。曲は、あまりにも思い出多き、「星落秋風五丈原《ほしおつしゅうふうごじょうげん》」（土井晩翠《どいばんすい》作詞《さくし》）である。

〽祁山悲秋《きざんひしゅう》の風更《ふ》けて
陣雲暗《じんうんくら》し五丈原

…………

今落葉《らくよう》の雨の音
大樹《たいじゅ》ひとたび倒《たお》れなば
漢室《かんしつ》の運《うん》はたいかに

丞相病《じょうしょうやまい》あつかりき

その詩《し》を思い返しながら、私は、心で叫《さけ》んでいた。

〝先生、お聴《き》きください。青年部は、弟子《でし》たちは、意気軒昂《いきけんこう》です。ご安心《あんしん》ください！〟

大儀式《だいぎしき》が終《お》わってまもないある日、宗門《しゅうもん》の腐敗《ふはい》の兆候《ちょうこう》を感《かん》じとられた先生は、厳《げん》として言われた。

「追撃《ついげき》の手を緩《ゆる》めるな！」

先生は、必《かなら》ず宗門が「濁流《だくりゅう》」となりゆくことを、明《あき》らかに予見《よけん》しておられた。この言葉は、恩師《おんし》の遺言《ゆいごん》となった。

戸田先生の赤誠《せきせい》によって建立《こんりゅう》された壮麗《そうれい》な大講堂《だいこうどう》をはじめとする伽藍《がらん》も、峻厳《しゅんげん》な大聖人の御精神を受《う》け継《つ》ぐ、創価の後継《こうけい》の若人《わこうど》ありてこそ、仏道修行《ぶつどうしゅぎょう》の道場《どうじょう》たりえるのである。

腐敗・堕落《だらく》し、法師《ほっし》の皮《かわ》を著《き》た畜生《ちくしょう》らの悪《あく》の陰謀《いんぼう》の場となれば、腐臭漂《ふしゅうただよ》う仏法破壊《はかい》の温《おん》床《しょう》となり、社会を滅《ほろ》ぼす。

ゆえに、大聖人は、万祈《ばんき》を修《しゅう》せんよりはこの一凶《いつきょう》を禁《きん》ぜよ、と坊主《ぼうず》の腐敗《ふはい》を弾劾《だんがい》されたのである。民衆《みんしゅう》の安穏《あんのん》を願《ねが》い、平和を願うならば、世《よ》を毒《どく》する悪《あく》の根《ね》を退治《たいじ》せよ、との宣言《せんげん》であられる。

先生は、この「3・16」の大儀式《だいぎしき》から、十七日後の四月二日、偉大《いだい》なる生涯《しょうがい》の幕《まく》を閉《と》じられた。

「3・16」は、先生とのお別《わか》れの、バトンタッチの儀式となった。

先生亡《な》きあと、「学会は、空中分解《くうちゅうぶんかい》する」というのが、世間《せけん》の厳《きび》しき予想《よそう》であった。

〝師《し》の言葉を虚妄《こもう》にしてなるものか！〟

私は、師弟不二《していふに》の〝魂《たましい》のバトン〟を握《にぎ》り締《し》め、走りに走った。

あの日から四十星霜《せいそう》。学会は、思想界《しそうかい》の王者《おうじゃ》、人権《じんけん》の王者、平和の王者として、世界の空高く飛翔《ひしょう》した。

四十年の歳月《さいげつ》は、人々を厳《きび》しく峻別《しゅんべつ》した。

退《しりぞ》くものは退き、悔恨《かいこん》の汚泥《おでい》に沈《しず》んだ。裏切《うらぎ》った輩《やから》は、「始《はじ》めは事《こと》なきやうにて終《つい》にほろびざるは候《そうら》はず」（御書一一九〇ジベー）との御金言《ごきんげん》どおり、厳然《げんぜん》たる審判《しんぱん》を免《まぬか》れまい。

私とともに歩《あゆ》んだ歴戦《れきせん》の友は、人生の凱歌《がいか》をあげている。その尊《とうと》き友を、私は、永遠《えいえん》に顕彰《けんしょう》しぬきたい。

師匠《ししょう》の教えを実現《じつげん》してこそ弟子《でし》である。誓《ちか》いを果《は》たしてこそ弟子である。そこに、私の最大《さいだい》最高の誇《ほこ》りがある。

日蓮大聖人は、「未来《みらい》の果《か》を知らんと欲《ほっ》せば其《そ》の現在の因《いん》を見よ」（御書二三一ジベー）と仰《おお》せである。

決意《けつい》の一念《いちねん》が、現在の行動が未来を決する。

「3・16」とは、弟子が立ち上がる、永遠の「本因《ほんいん》の原点《げんてん》」の日だ。

私にとっては、毎日が新しき決意の出発《しゅっぱつ》であり、毎日が「3・16」であった。

今、二十一世紀《せいき》の大山脈《だいさんみゃく》は、旭日《きょくじつ》に染《そ》まり始《はじ》めた。

「3・16」の方程式《ほうていしき》に則《のっと》り、創価の魂《たましい》のバトンは、完全《かんぜん》に青年に託《たく》した。いよいよ、その「壮大《そうだい》な時」は来た。

草花《くさばな》も、生き生きと、緑《みどり》と花の乱舞《らんぶ》の三月。
私が愛《あい》し、信頼《しんらい》してやまない青年たちよ！
二十一世紀《せいき》は、君たちの大舞台《ぶたい》だ。
君たちの出番《でばん》がついに来た。厳然《げんぜん》と始《はじ》まった。

◆小説『新・人間革命』第七巻「文化の華」の章

音楽祭・文化祭

この秋、学会は体育大会に続《つづ》いて、各方面ごとに音楽祭を開催《かいさい》することになっており、まず、十月六日には、伸一《しんいち》が出席《しゅっせき》し、第一回関西音楽祭が行《おこな》われた。次《つ》いで翌《よく》七日には、北海道、中部で、十四日には、九州でも、音楽祭が盛大《せいだい》に開催された。

さらに、十四、十五の両日には、初《はつ》の試《こころ》みとして、首都圏《しゅとけん》のメンバーを中心に、青年部主催《しゅさい》の第一回文化祭が行われることになっていたのである。

各方面の音楽祭も、この文化祭も、伸一の提案《ていあん》によるものであった。

芸術《げいじゅつ》は、人間性のやむにやまれぬ必然《ひつぜん》の表現《ひょうげん》といえよう。

そして、その芸術と宗教とは、密接不可分《みっせつふかぶん》の関係《かんけい》にある。

たとえば、あのフランスのルーブル美術館《びじゅつかん》に展示《てんじ》された、西洋美術の名品《めいひん》の数々《かずかず》も、その多くは、キリスト教という土壌《どじょう》のうえに開《ひら》いた大輪《たいりん》である。それぞれの作品は、表現《ひょうげん》の形式《けいしき》も異《こと》なり、最大《さいだい》の個性《こせい》の光《ひかり》を放《はな》ちつつも、そのなかに、キリスト教的な宇宙像《うちゅうぞう》、世界観が、感動《かんどう》をもって表現されている。

いわば〝芸術《げいじゅつ》の生命〟とは、絵画《かいが》に限《かぎ》らず、音楽であれ、舞踊《ぶよう》であれ、感動を源泉《げんせん》として、普遍的《ふへんてき》な精神の世界を表《あらわ》すことにあるといえよう。つまり〝自己《じこ》〟と〝宇宙的なるもの〟との融合《ゆうごう》にある。だからこそ、優《すぐ》れた芸術は、民族《みんぞく》や国家を超《こ》えて、万人《ばんにん》に共感《きょうかん》をもたらすのである。

仏法は一念三千《いちねんさんぜん》を説《と》き、宇宙の森羅万象《しんらばんしょう》は自身《じしん》の一念に収《おさ》まり、自己の一念は全宇宙に遍満《へんまん》することを教えている。それは、最《もっと》も普遍的な、人間と大宇宙を貫《つらぬ》く、最高の真理《しんり》といえる。その仏法を根底《こんてい》とするならば、必《かなら》ずや、新しい、偉大《いだい》なる芸術が生まれよう。

また、御書には「迦葉尊者《かしょうそんじゃ》にあらずとも・まい《舞》をも・まいぬべし、舎利弗《しゃりほつ》にあらねども・立つてをどり《踊》ぬべし、上行菩薩《じょうぎょうぼさつ》の大地よりいで給《たま》いしには・をどり《踊》てこそいで《出》給いしか」（一三〇〇ページ）と仰《おお》せである。

これは、釈尊《しゃくそん》の高弟《こうてい》である迦葉尊者、知性《ちせい》の代表ともいうべき舎利弗が、法華経《ほけきょう》という成仏得道《じょうぶつとくどう》の大法《だいほう》を得《え》た時、その大歓喜《だいかんき》に、舞《ま》い、踊《おど》ったことについて述《の》べられたものである。さらに、法華経《ほけきょう》の会座《えざ》で、滅後末法《めつごまっぽう》の弘通《ぐつう》を託《たく》すために、釈尊《しゃくそん》が大地の底《そこ》から無数《むすう》の地涌《じゆ》の菩薩《ぼさつ》を呼《よ》び出した時にも、その上首《じょうしゅ》たる上行菩薩《じょうぎょう》は、大歓喜に踊りながら出現《しゅつげん》したといわれている。大宇宙《だいうちゅう》の深奥《しんおう》の真理《しんり》を知り、その大法を弘《ひろ》め、一切衆生《いっさいしゅじょう》の幸福を打《う》ち立てようとする大歓喜は、おのずから舞《まい》となり、踊りとなったといえよう。この生命の発露《はつろ》のなかに芸術《げいじゅつ》の開花《かいか》がある。

人びとの幸福と平和社会の建設《けんせつ》という人間の使命《しめい》に目覚《めざ》め、大歓喜に燃《も》えて正法《しょうほう》を流布《るふ》しゆく民衆《みんしゅう》が集《つど》う創価学会は、必《かなら》ずや新しき芸術の創造《そうぞう》をもたらす揺籃《ようらん》となるにちがいない。

伸一《しんいち》は、広宣流布《こうせんるふ》の広がりは、やがて、絢爛《けんらん》たる第三文明《だいさんぶんめい》の芸術の華々《はなばな》を咲《さ》かせ、民衆の大地を荘厳《そうごん》することを確信《かくしん》し、音楽祭、文化祭の開催《かいさい》を提案《ていあん》したのである。

また、伸一が、音楽祭、文化祭を提案した、もう一つの理由《りゆう》は、芸術を民衆の手に取り戻《もど》さなければならないとの信念《しんねん》からでもあった。

芸術は、人類《じんるい》の偉大《いだい》なる精神の宝《たから》であるにもかかわらず、当時《とうじ》の日本にあっては、クラシック音楽の演奏会《えんそうかい》を聴《き》いたり、バレエや古典芸能《こてんげいのう》を鑑賞《かんしょう》したり、美術展《びじゅつてん》に行くのは、まだ、ほんの一部の人たちに限《かぎ》られていた。それは、日本人の文化への関心《かんしん》の低《ひく》さもあったが、民衆《みんしゅう》に近づこうとする、芸術関係者《かんけいしゃ》の努力《どりょく》の不足《ふそく》もあったといえよう。

伸一《しんいち》は、広宣流布《こうせんるふ》は、民衆の大地に根差《ねざ》した文化運動であるととらえていた。

彼《かれ》は、ある時、青年たちに〝広宣流布とは、いかなる状態《じょうたい》をいうのか〟と問《と》われて、「文化という面から象徴的《しょうちょうてき》にいえば、たとえば日本の庶民《しょみん》のおばあちゃんが、井戸端会議《いどばたかいぎ》をしながら、ベートーベンの音楽を語《かた》り、バッハを論《ろん》ずる姿《すがた》といえるかもしれない」と答《こた》えたことがある。

民衆に親《した》しまれ、愛《あい》されてこそ、文化・芸術《げいじゅつ》も意味《いみ》をもつといえる。民衆のいない文化・芸術は、結局《けつきょく》は空虚《くうきょ》な抜《ぬ》け殻《がら》でしかない。また、人間が人間らしく生きようとする時、その生活には、音楽や絵画《かいが》に親しむなど、おのずから文化・芸術の芳香《ほうこう》が漂《ただよ》うものだ。

さらに人間性の勝利《しょうり》とは、民衆のなかから、真《しん》に偉大《いだい》なる〝芸術の華《はな》〟〝文化の華〟が開《ひら》く時でもある。

第一回文化祭は、一部、二部に分《わ》かれ、第一部は十四日、東京・神田《かんだ》の共立講堂《きょうりつこうどう》で、第二部は翌《よく》十五日に、横浜文化体育館で行《おこな》われた。

文化祭は、それまで学生部が行《おこな》ってきた、展示《てんじ》や演劇《えんげき》、演奏《えんそう》、合唱《がっしょう》などからなる学生祭と、青年部の音楽祭の集大成《しゅうたいせい》ともいうべきものであった。これには、青年部幹部のほか、芸術部員《げいじゅつぶいん》なども友情出演《しゅつえん》し、新《あら》たな人間文化の祭典《さいてん》となった。

十四日の夕刻《ゆうこく》、文化祭第一部の会場となった共立講堂《きょうりつこうどう》に到着《とうちゃく》した山本伸一《しんいち》は、まず、会場の二階ロビーに展示された、絵画《かいが》や書道、写真などの学生部員の作品を鑑賞《かんしょう》した。

作品の完成度《かんせいど》は、全体的に見れば、決《けっ》して高いとはいえないが、勢《いきお》いがあり、新しい創《そう》造《ぞう》の息吹《いぶき》にあふれていた。

午後五時五十分、初《はつ》の文化祭は幕《まく》を開《ひら》いた。

女子部のハーモニカ隊による軽《かろ》やかな演奏に始《はじ》まった文化祭は、学生部員によるベートーベン作曲《さっきょく》「作品二十　七重奏曲《じゅうそうきょく》・変《へん》ホ長調《ちょうちょう》」の演奏、芸術部員の独唱《どくしょう》、婦人部「白ゆり合唱団」の合唱と続《つづ》いた。ここで舞《ぶ》台《たい》は一転《いってん》し、女子学生部員の狂言《きょうげん》「鬼瓦《おにがわら》」となり、そして、芸術部員による日本舞踊《ぶよう》が披露《ひろう》された。

さらに、男子学生部員の創作劇《そうさくげき》「今日《きょう》もどこかで」が上演《じょうえん》された。これは、買収選挙《ばいしゅうせんきょ》で当選《とうせん》したある市議会議員の、金をめぐるさまざまなトラブルを通《とお》し、腐敗堕落《ふはいだらく》した地方議員の実態《じったい》を風刺《ふうし》した劇《げき》であった。そこには、政治に鋭《するど》い監視《かんし》の目を向《む》け、社会悪《あく》と戦《たたか》おうとする学生部員の気概《きがい》が脈打《みゃくう》っていた。

文化祭の最後は、広報局製作《こうほうきょくせいさく》の映画《えいが》「父《とう》ちゃん　頑張《がんば》って！」の上映《じょうえい》である。主人公《しゅじんこう》は中学一年生のアキ子で、彼女《かのじょ》の父親が信心に奮《ふる》い立っていく過程《かてい》を、ユーモアを交《まじ》えて描《えが》いた作品である。随所《ずいしょ》に、会員の生活感情《かんじょう》があふれ、皆《みな》の共感《きょうかん》と感動《かんどう》が広がった。

広報局の設置《せっち》が発表《はっぴょう》されたのは、前年の五月のことであった。メンバーは、毎月、ニュース映画《えいが》「聖教《せいきょう》ニュース」を作りながら、さらに、劇映画の製作にも挑戦《ちょうせん》してきたのである。

信仰《しんこう》とは、人間革命《かくめい》のドラマである。それは、同時に、家庭に生活革命をもたらし、職《しょく》場《ば》、地《ち》域《いき》に、共感と友情のドラマを生み、社会建設《けんせつ》の大《だい》ドラマをつくり出していくものだ。広報局のスタッフは、その事実《じじつ》を、なんとしても劇映画にし、人びとに伝《つた》えたかったのであろう。

山本伸一《しんいち》は、十月十四日の文化祭第一部に引《ひ》き続《つづ》いて、翌《よく》十五日には、横浜文化体育館で行《おこな》われた、文化祭第二部にも出席《しゅっせき》した。

第二部は、音楽を中心とした企画《きかく》で、音楽隊の初《はじ》めての管弦楽《かんげんがく》、ベートーベン作曲《さっきょく》「交《こう》響曲《きょうきょく》 第三番 〝英雄《えいゆう》〟」で幕《まく》を開《あ》けた。

そして、鼓笛隊《こてきたい》の演奏《えんそう》、初出場《はつしゅつじょう》となった女子部の「富士合唱団《ふじがっしょうだん》」の合唱、芸術部員《げいじゅつぶいん》のピアノ演奏、「富士吹奏楽団《ふじすいそうがくだん》」の吹奏楽などが相次《あいつ》ぎ披露《ひろう》された。

クラシックあり、日本民謡《みんよう》あり、学会歌ありの、多彩《たさい》な音楽の夕《ゆう》べとなった。

文化祭のフィナーレは、音楽隊の演奏に合《あ》わせての学会歌「革新《かくしん》の歌」の合唱であった。

これは、この年の三月に発表された、男子部の愛唱歌《あいしょうか》である。

おお逞《たくま》しく　溢《あふ》れる潮《うしお》
広布《こうふ》の王者《おうじゃ》は　凛然《りんぜん》と立てり
民衆救《みんしゅうすく》う　旗《はた》のもと
嵐《あらし》を呼《よ》んで　若人《わこうど》は集《つど》う

出演者《しゅつえんしゃ》とともに、客席《きゃくせき》の人たちも、ともに歌い始《はじ》めた。躍動《やくどう》と歓喜《かんき》の一万人の大合唱《だいがっしょう》が、怒濤《どとう》のように響《ひび》き、会場を包《つつ》んだ。

このあと、幹部のあいさつがあり、最後に、山本伸一《しんいち》が登壇《とうだん》した。

「さきほどまで、美《うつく》しい声、美しい顔《かお》、美しい調《しら》べがあって、皆《みな》さんがウットリとしておられたところ、今度は〝教学の顔〟〝折伏《しゃくぶく》の顔〟〝指導の顔〟が登場《とうじょう》し、大変に申《もう》し訳《わけ》なく思っております。

今後は、こうした音楽祭や文化祭においては、最後のあいさつや講演《こうえん》は、いっさいなくしていくように、青年部長にも頼《たの》んでおきましたので、どうか、ご安心《あんしん》ください」

ユーモアあふれる話《はなし》に、どっと笑《わら》いが起《お》こった。

「私は、東京からこの会場に来る途中《とちゅう》、今、聖教新聞に連載中《れんさいちゅう》の、山岡荘八《やまおかそうはち》さんの小説『高杉晋作《たかすぎしんさく》』を読《よ》んでまいりました。

そのなかで、安政《あんせい》の大獄《たいごく》で牢《ろう》に入《はい》った吉田松陰《よしだしょういん》が、人生最大《さいだい》の重要事《じゅうようじ》を悟《さと》るところがあります。それは『どのように高遠《こうえん》な識見《しきけん》も、それが現実《げんじつ》に根《ね》をおろして実行《じっこう》されないのでは一椀《いちわん》の汁《しる》にも劣《おと》る』ということでした。

つまり、どんなに偉大《いだい》な理想《りそう》をもっていても、それが民衆《みんしゅう》のなかに根差《ねざ》し、かつ、その理想を、命《いのち》を賭《と》して実践《じっせん》し、実現《じつげん》していかなければ、一椀の汁にも劣り、全《まった》く意味《いみ》はないということです。

戦後《せんご》の日本でも、多くの指導者や政治家が、民衆の味方《みかた》であるかのような顔《かお》をして、さまざまな理想を語《かた》ってきました。しかし、何一つ実現してこなかったではありませんか。また、今も、政府は〝人づくり〟〝国づくり〟と叫《さけ》んでおりますが、それは政府として、当然《とうぜん》の責任《せきにん》であり、義務《ぎむ》であります。今に至《いた》って、そんなことを言わざるをえないこと自《じ》体《たい》、何もやってこなかったことの裏付《うらづ》けであるといえます。

それに対して、わが創価学会は、日蓮大聖人の最高の生命の哲理《てつり》をもって、民衆の幸福と平和の実現という高邁《こうまい》な大目的《だいもくてき》、大理想を掲《かか》げ、実際《じっさい》に、三百万世帯《せたい》になんなんとする民衆を救《すく》ってまいりました。

ある時は、医師《いし》にも見放《みはな》され、生きる希望《きぼう》さえ失《うしな》った人のもとに足《あし》を運《はこ》び、また、ある場合《ばあい》には、人生に行《ゆ》き詰《づ》まり、自殺《じさつ》を考《かん》がえている人と粘《ねば》り強《づよ》く語《かた》り合《あ》い、朝《あさ》な夕《ゆう》な、民衆の幸福のために働《はたら》き抜《ぬ》いてきました。

したがって、創価学会こそが、高遠《こうえん》な理想《りそう》をもち、大理念《だいりねん》を掲《かか》げて、民衆《みんしゅう》のなかに飛《と》び込《こ》み、民衆のなかに生き、民衆の味方《みかた》となってきた、世界でただ一つの団体《だんたい》であると、私は、声を大《だい》にして訴《うった》えたいのであります。

その民衆の力《ちから》で、このように、歓喜《かんき》にあふれ、楽《たの》しく、見事《みごと》な文化祭ができましたことは、まさに、民衆の勝利《しょうり》の姿《すがた》であると、私は確信《かくしん》しております。

なぜなら、民衆の生命を脅《おびや》かすものが暴力《ぼうりょく》であり、戦争であるのに対して、生きることの喜《よろこ》びの発露《はつろ》が、芸術《げいじゅつ》であるからです。

真実《しんじつ》の仏法の広がりゆくところには、民衆の歓喜の詩《し》があり、歌があり、舞《まい》があります。その昇華《しょうか》されたものが芸術です。ゆえに、我《われ》らのゆくところ、絢爛《けんらん》たる芸術の華《はな》が咲《さ》くのであります。この生命の歓喜の華の輪《わ》をもって、人びとの心をつなぎ、平和の花園《はなぞの》を世界につくり上げることこそ、私どもの使命《しめい》であります」

そして、伸一《しんいち》は、こう語《かた》って話《はなし》を結《むす》んだ。

「今日《きょう》は私ども理事室《りじしつ》のメンバーは、皆《みな》さんが一生懸命《いっしょうけんめい》に演奏《えんそう》され、歌われるのを、ゆっくり観賞《かんしょう》させていただきました。大変にありがとうございました。

そこで、最後に、理事室《りじしつ》を代表して、私が学会歌の指揮《しき》をとりまして、失礼《しつれい》させていただきます」

歓声《かんせい》と大拍手《だいはくしゅ》がわき起《お》こった。

「新世紀《しんせいき》の歌」の前奏《ぜんそう》が響《ひび》き、皆《みな》の打《う》つ手拍子《てびょうし》がこだました。

大鷲《おおわし》が大空を舞《ま》うかのような、伸一《しんいち》の勇壮《ゆうそう》な指揮が始《はじ》まった。

文化祭の、どの演目《えんもく》よりも、最《もっと》も力強《ちからづよ》く、最大《さいだい》の歓喜《かんき》にあふれた大合唱《だいがっしょう》となった。伸一の舞《まい》に合《あ》わせ、皆の歌声《うたごえ》も、心も、完全《かんぜん》に一つにとけ合っていた。

この日、創価学会は、「平和」と「文化」の新しき大海原《おおうなばら》をめざして、勇躍《ゆうやく》、船出《ふなで》したのである。

Ⅲ スピーチ

本部幹部会

世界一の音楽隊・鼓笛隊――陰《かげ》の努力《どりょく》に栄冠《えいかん》

（二〇〇一年十一月十二日）

きょうは、遠《とお》いところ、ご苦労《くろう》さま！

広宣流布《こうせんるふ》の楽雄《がくゆう》・音楽隊、いつもありがとう！（拍手）

音楽隊は昭和二十九年（一九五四年）五月に結成《けっせい》された。以来、半世紀《はんせいき》、勇壮《ゆうそう》な調《しら》べで、つねに全同志《ぜんどうし》を鼓舞《こぶ》してくれた。

嵐《あらし》にも

ああ　音楽隊

仏天《ぶってん》の曲《きょく》

と句を贈《おく》りたい。

先ほど、関西の中尾恵美子婦人部長の名スピーチでも触《ふ》れられていたが、あの「大阪大会」の日（昭和三十二年〈一九五七年〉七月十七日）――。（無実《むじつ》の罪《つみ》で大阪拘置所《こうちしょ》に勾留《こうりゅう》されていた）私に届《とど》けとばかり、朝《あさ》から中之島《なかのしま》の川岸《かわぎし》で、学会歌を力《ちから》の限《かぎ》り演奏《えんそう》してくれたのも、わが音楽隊であった。

本当によく聞こえた。その勇《いさ》ましい響《ひび》きは、今も忘《わす》れない。「平和の天使《てんし》」鼓笛隊《こてきたい》も、本当にありがとう！（拍手）

はつらつと
乱世《らんせ》に光る
鼓笛隊

と讃《たた》えたい。

鼓笛隊と聞くと、皆《みな》が聴《き》きに行きたくなる。けなげにも「平和の光《ひかり》」を広げてきた功徳《くどく》は大きい。

思えば、四十五年前（一九五六年）、東京・大田区《おおたく》の小林町の小さなわが家——吹《ふ》けば飛《と》ぶような家で、妻とともに、女子部の代表と鼓笛隊《こてきたい》の夢《ゆめ》を語《かた》り合《あ》ったことが、今日《こんにち》の鼓笛隊の淵源《えんげん》となった。

法華経《ほけきょう》に登場《とうじょう》する「妙音菩薩《みょうおんぼさつ》」は、その行くところ、向《む》かうところ「百千の天《てん》の音楽」が鳴《な》り響《ひび》いたと説《と》かれている。

〈妙音菩薩品には「（妙音菩薩が）経《ふ》る所の諸国《しょこく》は、六種に震動《しんどう》して、皆悉《み》な七宝《しっぽう》の蓮華《れんげ》を雨《ふ》らし、百千の天楽《てんがく》は、鼓《く》せざるに自《おのず》から鳴る」（法華経六一〇ジ）と〉

御書には「音の哀楽《あいらく》を以《もっ》て国の盛衰《せいすい》を知る」（八八ジ）との言葉が引《ひ》かれている。

世《よ》の中に満《み》ちている「音」——その「音」で国の将来《しょうらい》を知る。その国が栄《さか》えていくのか、滅《ほろ》んでいくのか——未来《みらい》の姿《すがた》が音に表《あらわ》れる。

「音」とは、人間の声であり、広く見れば、音楽をはじめとする文化・芸術《げいじゅつ》も含《ふく》まれよう。

広宣流布《こうせんるふ》は、音楽や芸術を最大《さいだい》に尊重《そんちょう》しゆく大文化運動である。音楽隊、鼓笛隊も、こうした仏法の本義《ほんぎ》のうえから創設《そうせつ》された。

戸田先生に、私が音楽隊と鼓笛隊《こてきたい》の結成《けっせい》を願《ねが》い出たとき、先生は一言《ひとこと》、「大作がやるんだったら、やりたまえ！」とおっしゃってくださった。

それから、私が工面《くめん》し、幾《いく》つかの楽器《がっき》を買《か》って差《さ》し上《あ》げ、音楽隊は十六人、鼓笛隊は三十三人で出発《しゅっぱつ》した。

それが現在では、音楽隊、鼓笛隊ともに、二万人の陣容《じんよう》にまで発展《はってん》した。（拍手）

また、各種のコンクールで日本最高の栄冠《えいかん》に輝《かがや》いていることは、皆《みな》さまも、ご存じの通《とお》りである。

来年（二〇〇二年）の一月二十日、日本武道館《ぶどうかん》で行《おこな》われるマーチングバンドの全国大会には、東京の創価ルネサンスバンガード、関西ビューグルバンド、中部ビューグルバンド、鹿児島《かごしま》マーチングバンドの四団体が出場する。おめでとう！（拍手）〈二〇〇二年一月二十日の全国大会で、創価ルネサンスバンガードが、グランプリの「内閣総理大臣賞」を受賞《じゅしょう》、二〇〇四年一月十八日の同大会でも七度目のグランプリに輝いた〉

また、関西男声合唱団《がっしょうだん》は、今月（十一月）二十四日の全国大会に、晴《は》れ晴《ば》れと出場する。

関西吹奏楽団《すいそうがくだん》は、全日本吹奏楽コンクール（十月二十一日）で金賞を受賞。

さらに創価大学のパイオニア吹奏楽団《すいそうがくだん》も、同コンクール「大学の部」（十月二十日）で金賞を受けている。

一方、鼓笛隊《こてきたい》は、「首都《しゅと》圏《けん》マーチングバンド」が今月二十四日に行《おこな》われる全国大会に、「首都圏トワリングチーム」が来年一月十三日の全国大会に出場する。

すごいことである。この活躍《かつやく》自体《じたい》が「大芸術《だいげいじゅつ》運動」であり、「大文化運動」である。〝妙《みょう》音《おん》の連帯《れんたい》〟は、今や世界の約三十カ国・地域《ちいき》に広がった。

世界の音楽隊・鼓笛隊は、国家の重要《じゅうよう》な式典《しきてん》にも何度も参加し、絶讃《ぜっさん》を博《はく》すなど、栄光《えいこう》の歴史《れきし》をつづっている。名実《めいじつ》ともに「世界一の鼓笛隊」「世界一の音楽隊」となったことを、私は最大《さいだい》に賞讃《しょうさん》申し上げたい。（拍手）

青年は「訓練《くんれん》」で光れ！

人間性を磨《みが》く薫陶《くんとう》が大事である。

何の訓練も、鍛《きた》えもない人間は、いざという時に弱《よわ》い。たとえ頭《あたま》が良くても、人間として弱ければ、広宣流布《こうせんるふ》の指揮《しき》は執《と》れない。

青春時代、鼓笛隊や音楽隊で、信心の訓練を受《う》けきった人間は強《つよ》い。

今の婦人部のリーダーを見ても、鼓笛隊出身者《こてきたいしゅっしんしゃ》の活躍《かつやく》は目覚《めざ》ましい。

また、きょう出席《しゅっせき》されているミクロネシアＳＧＩ（創価学会インタナショナル）の支部長も、鼓笛隊出身である。（拍手）

海外でも、鼓笛隊で薫陶《くんとう》を受《う》けた学会っ子が、見事《みごと》に活躍し、成長《せいちょう》している。

若《わか》き日から、全魂《ぜんこん》で、多くの人々を鼓舞《こぶ》し、希望《きぼう》を贈《おく》り、青春の尊《とうと》き汗《あせ》を流《なが》してきた皆《みな》さまである。それだけ人間が光っている。

妙法は、全宇宙《ぜんうちゅう》を包《つつ》み、全宇宙を動かす根本《こんぽん》の法則《ほうそく》である。ゆえに、広宣流布《こうせんるふ》のための行動は、全部、自分自身《じしん》を包む大福徳《だいふくとく》となるのである。

音楽隊出身者の健闘《けんとう》も頼《たの》もしい。副会長は十五人も出ている。

このほかにも、音楽隊・鼓笛隊の出身者をはじめ、広布《こうふ》の庭《にわ》で、青春時代に薫陶を受け、陰《かげ》で戦《たたか》いきってこられた方々は、皆、立派《りっぱ》に成長し、輝《かがや》き、勝利《しょうり》しておられる。

きょうは「花の芸術部《げいじゅつぶ》」の代表の方々も、創立《そうりつ》記念日の祝賀《しゅくが》に駆《か》けつけてくださった。

本当にありがとう！（拍手）

広宣流布のために戦っておられる、偉大《いだい》なる創価の芸術家の皆さまを、私たちは皆で応《おう》援《えん》してまいりたい。（拍手）

シェークスピア「心に音楽のない人間は危険《きけん》」

大勝利《だいしょうり》のこの一年、全同志《ぜんどうし》の皆《みな》さまに「本当に、ありがとうございます」と重《かさ》ねて申し上げたい。（拍手）

今日《こんにち》の学会の大発展《だいはってん》は、すべて、皆さまの「祈《いの》り」と「団結《だんけつ》」と「執念《しゅうねん》」と「挑戦《ちょうせん》」の賜《たまもの》である。

学会には、にぎやかな音楽と芸術《げいじゅつ》が満《み》ち満ちている。この、あまりにも楽《たの》しく、麗《うるわ》しい創価の世界を、妬《ねた》み、憎《にく》み、壊《こわ》そうとしたのが、日顕であり、日顕宗である。

ベートーヴェンの「歓喜《かんき》の歌」を「謗法《ほうぼう》」と言った日顕宗である。あの偉大《いだい》な人類《じんるい》の文化遺産《いさん》を真《ま》っ向《こう》から否定《ひてい》する聖職者《せいしょくしゃ》が、世界のどこにいようか。

文豪《ぶんごう》シェークスピアの有名《ゆうめい》な言葉がある。

「心に音楽を持たぬ人間、美《うつく》しい音楽の調和《ちょうわ》にも、たえて心を動かさぬ人間、きっとそれは、謀叛《むほん》、策謀《さくぼう》、掠奪《りゃくだつ》などをやりかねぬ人間なのだ」（『ヴェニスの商人』中野好夫訳、岩波文庫）

最高峰《さいこうほう》の芸術家が、天上《てんじょう》から人間界を見おろしたような達観《たっかん》である。

若《わか》き情熱《じょうねつ》が創《つく》った行進曲《こうしんきょく》「旧友《きゅうゆう》」

〈ここで、音楽隊の創価グロリア吹奏楽団《すいそうがくだん》がドイツの行進曲「旧友」を演奏《えんそう》。力強《ちからづよ》い旋律《せんりつ》が、会場を包《つつ》んだ〉

この曲《きょく》を作曲《さっきょく》したのは、若き音楽隊員《たいいん》――当時の軍楽《ぐんがく》隊員であった。その名は、カール・タイケ。ご存じの方も、いらっしゃるであろう。

〈カール・タイケはドイツの作曲家（一八六四年～一九二二年）〉

タイケ青年が、軍楽隊に入隊《にゅうたい》したのは、十九歳のとき。すでに十四歳から、打楽器《だがっき》やホルンなどの演奏法を学《まな》んでいた彼《かれ》は、入隊後、楽隊長《がくたいちょう》から、作曲の教育も受《う》けたという。

人間は、訓練《くんれん》を受けてこそ伸《の》びるものである。

こうして、二十代半《なか》ばのとき、若き情熱で創り上げたのが、「旧友」なのである。

ところで、なぜ、「旧友」という題名《だいめい》がつけられたのか。その有名《ゆうめい》なエピソードについて、簡単《かんたん》に、ご紹介《しょうかい》しておきたい。

軍楽隊員であったタイケ青年が、この行進曲を完成《かんせい》させたときのことである。

彼《かれ》に作曲《さっきょく》を教えてくれた楽隊長《がくたいちょう》は、すでに交代《こうたい》しており、別の楽隊長が着任《ちゃくにん》していた。この新しい楽隊長に、彼は、自信満々《じしんまんまん》に、完成《かんせい》した楽譜《がくふ》を見せた。しかし、ほめられるどころか、つっけんどんに突《つ》き返《かえ》され、さんざんに罵倒《ばとう》されたのであった。

〝こんな行進曲《こうしんきょく》は、かまどへ行くのがふさわしい！　焼《や》いてしまえ！〟と——。

残念《ざんねん》ながら彼は、これを機に、軍楽隊《ぐんがくたい》から去《さ》ることになるのである。

この楽隊長は、無名《むめい》の青年の光る才能《さいのう》を認《みと》めようとしなかった。新しく台頭《たいとう》する「若《わか》き力《ちから》」を育《そだ》てようという、先輩《せんぱい》らしい気持ちもなかった。

せっかく、後輩《こうはい》が頑張《がんば》ったのである。先輩として、きちんと評価《ひょうか》し、その努力《どりょく》に、誠実《せいじつ》に応《こた》えてあげるべきではなかったか。

諸君《しょくん》は、そういう心の狭《せま》い先輩に、絶対《ぜったい》になってはいけない。また、そういう意地悪《いじわる》な先輩に、後輩は負《ま》けてはいけない。

言葉というのは、本当に大事である。とくに幹部は、言葉を大切にしなければいけない。言葉で決まる。「声仏事《ぶつじ》を為《な》す」（御書四〇〇ジ等）である。

言葉には、その人の「人格《じんかく》」と「知恵《ちえ》」と「生きる姿勢《しせい》」のすべてが表《あらわ》れるといってもいい。

たとえば、結果《けっか》がどうであれ、広宣流布《こうせんるふ》のために頑張《がんば》った人を、「立派《りっぱ》ですね」と、ほめ讃《たた》えていける幹部なのか。それとも「なんだ、これっぽっちか」という、心ない幹部なのか。

人材《じんざい》の育成《いくせい》も、組織の発展《はってん》も、こうした幹部の言葉いかんで決《き》まることを知っていただきたい。

そして、万が一、言葉の悪《わる》い幹部がいたならば、遠慮《えんりょ》なく指摘《してき》していくべきである。また、気づいた人が、自分から変《か》えていっていただきたい。

さて、先輩《せんぱい》の無慈悲《むじひ》な仕打《しう》ちにあい、軍楽隊《ぐんがくたい》をやめたタイケ青年。このとき、苦楽《くらく》をともにしてきた軍楽隊の旧《ふる》き良き仲間《なかま》たちが、激励《げきれい》の送別会《そうべつかい》を催《もよお》してくれた。〝ぼくたちは、仲間じゃないか、同志《どうし》じゃないか、一緒《いっしょ》に立ち上がろうよ〟と。

そして、その場で、彼《かれ》の楽譜《がくふ》を、仲間たちが皆で演奏《えんそう》してくれた。

この曲《きょく》が、初《はじ》めて演奏された劇的《げきてき》な瞬間《しゅんかん》であった。

なんとすばらしい同志愛《あい》ではないか。この同志愛こそ学会の根本《こんぽん》の心である。学会が大《だい》発展《はってん》してきたのも、この同志愛《どうしあい》があったからである。

タイケ青年は、うれしかったであろう。〝だれが、わかってくれなくとも、自分には真実《しんじつ》の友がいる！　自分の人生の行進《こうしん》は、どこに行っても、いつも、心通《かよ》う旧友《きゅうゆう》と一緒《いっしょ》だ〟と。

感激《かんげき》したタイケ青年は、この行進曲《こうしんきょく》に万感《ばんかん》の思いを込《こ》めて、「旧友」と名《な》づけたといわれている。

これが、先ほど、音楽隊の諸君《しょくん》が演奏《えんそう》してくださった「旧友」の心なのである。ありがとう！（拍手）

生命の旧友とともに　広宣流布の大行進を！

タイケ青年は、軍楽隊《ぐんがくたい》をやめた後《あと》も、音楽の道から離《はな》れなかった。

彼《かれ》は、町の警察官《けいさつかん》を務《つと》めながら、自分らしく、執念《しゅうねん》をもって、作曲《さっきょく》を続《つづ》けた。

だれが聴《き》こうが聴くまいが、かまわない。これが自分の決《き》めた道だ――こういう決心《けっしん》であったのだろう。

私たちの信心の姿勢《しせい》も、こうあるべきである。だれになんと言われようが、また、たとえ、嫌《いや》な人間がいたとしても、断《だん》じて創価学会から離《はな》れてはいけない。学会の中にしか真《しん》実《じつ》の広宣流布《こうせんるふ》の実践《じっせん》はないからである。

なお、タイケ青年の「旧友《きゅうゆう》」の楽譜《がくふ》は、二十五マルクという大変に安い値段《ねだん》で出版社に売られた。当時の庶民《しょみん》の月収の一割くらいの金額《きんがく》といわれる。

だが、出版とともに注目《ちゅうもく》されるようになり、やがて世界中で演奏《えんそう》されるようになった。偉大《いだい》なものというのは、後《あと》になってから、真価《しんか》がわかる。芸術部《げいじゅつぶ》の方も、どうか、その一点を忘《わす》れないでいていただきたい。

タイケ青年は、その後も「作曲《さっきょく》する警察官《けいさつかん》」として約百曲もの行進曲《こうしんきょく》を残し、音楽史上《しじょう》に名《な》を刻《きざ》んでいる。

人生においても、芸術においても、目先《めさき》の人気《にんき》や評判《ひょうばん》や名声《めいせい》などは、小さい問題である。もちろん、努力《どりょく》するのは当然《とうぜん》のことだけれども、それで結果《けっか》が出なくても、がっかりしないことである。

大事なのは、自分自身《じしん》が強くなることだ。自分自身が成長《せいちょう》することだ。

時代の動きは早《はや》く、人の心は移《うつ》ろいやすい。ましてや嫉妬《しっと》の渦巻《うずま》く日本である。他人の評価《ひょうか》など、あてにならない。

ゆえに自分自身《じしん》が、揺《ゆ》るぎない実力《じつりょく》を持った「本物《ほんもの》」になることが、真実《しんじつ》の勝利《しょうり》ではないだろうか！（拍手）

ともかく、わが創価の同志《どうし》は、久遠《くおん》からのもっとも大切な「生命の旧友《きゅうゆう》」である。「三世永遠《さんぜえいえん》の旧友」である。この信頼《しんらい》と友情と同志愛《あい》の世界を、私たちは大切にしてきた。

それを裏切《うらぎ》り、離《はな》れていくことが、人間として、どれほど、わびしく、みじめであるか。退転者《たいてんしゃ》の末路《まつろ》は、大敗北《だいはいぼく》の人生である。

われらは、どこまでも「旧友」とともに、軽快《けいかい》に、また、さっそうと、広宣流布《こうせんるふ》という究極《きゅうきょく》の平和と正義《せいぎ》の大道《だいどう》を、これからも闊歩《かっぽ》してまいりたい！（拍手）

本部幹部会

音楽は「人類普遍《じんるいふへん》の言葉」

（二〇〇二年九月五日）

創価グロリア吹奏楽団《すいそうがくだん》の皆《みな》さん。

きょうは素晴《すば》らしい演奏《えんそう》を本当にありがとう！

また先月は、韓国《かんこく》での友好親善交流《ゆうこうしんぜんこうりゅう》の大成功《だいせいこう》、おめでとう！　ご苦労《くろう》さま！（大拍手）

〈同吹奏楽団の「韓国演奏交流団」は二〇〇二年八月、韓国を訪問《ほうもん》。ソウルでの第一回「韓日《かんにち》親善吹奏楽演奏大会」に出演《しゅつえん》したほか、韓国ＳＧＩ本部で「特別演奏会」を行《おこな》った〉

見事《みごと》な演奏を讃嘆《さんたん》する手紙が、私のもとにも、たくさん届《とど》いている。

アメリカの詩人《しじん》・ロングフェローは言った。

「音楽は人類普遍の言語《げんご》である」

その通《とお》りである。

音楽は「世界の言葉」である。国や民族《みんぞく》や宗教の違《ちが》いを超《こ》えて、人々の心の扉《とびら》を開《ひら》く「妙《たえ》なる鍵《かぎ》」である。

音楽は、生命と魂《たましい》の波長《はちょう》を調和《ちょうわ》させ、人類《じんるい》が一体《いったい》となって、和合《わごう》していくための「大いなる推進力《すいしんりょく》」である。

音楽は、喜《よろこ》びと勇気《ゆうき》と希望《きぼう》をうたう「人生の行進《こうしん》」の曲《きょく》である。躍動《やくどう》と創造《そうぞう》と前進《ぜんしん》の「足音《あしおと》」である。

だからこそ私は、皆《みな》が反対《はんたい》するなか、自力《じりき》で工面《くめん》して楽器《がっき》を贈《おく》り、音楽隊を結成《けっせい》し、鼓《こ》笛隊《てきたい》を誕生《たんじょう》させた。四十年以上も前のことである。

今日《こんにち》の世界的な大発展《だいはってん》を、当時、だれが思い描《えが》いたであろうか。

「音楽は混沌《こんとん》から秩序《ちつじょ》をつくりだす」（『音楽　人間　文明』和田旦訳、白水社）

これは、私が語《かた》り合《あ》った世界的なバイオリン奏者《そうしゃ》、メニューイン氏の忘《わす》れ得《え》ぬ言葉である。

テロや暴力《ぼうりょく》が渦《うず》巻《ま》く混沌の時代だからこそ、人類《じんるい》の心を融合《ゆうごう》させ、平和の秩序を創《つく》り出す音楽の力《ちから》は、いやまして重要《じゅうよう》になってきている。

思えば、陝西省《せんせいしょう》を一つの起点《きてん》とする、いにしえのシルクロードは、「絹《きぬ》の道」であると同時に、「音楽の道」であり「芸術《げいじゅつ》の道」であった。

私たちは、さらなる文化・教育の交流《こうりゅう》で「永遠《えいえん》の友情」を世界に結《むす》びながら、新《あら》たな「平和のシルクロード」を幾重《いくえ》にも広げてまいりたい。（大拍手）

本部幹部会

〝文化の力《ちから》〟〝魂《たましい》の響《ひび》き〟が最後に勝《か》つ

（一九九六年七月十九日）

文化の闘士《とうし》カザルスの勇気《ゆうき》ある戦《たたか》い

海外から来《こ》られた皆《みな》さま、ようこそ！

また、すばらしい演奏《えんそう》と合唱《がっしょう》、ありがとう！（拍手）

〈新出発の本部幹部会を飾《かざ》り、ベートーヴェン作曲《さっきょく》「月光《げっこう》」のピアノ演奏、富士合唱団による各国民謡《みんよう》メドレー、音楽隊・東京吹奏楽団《すいそうがくだん》による「新世紀《しんせいき》の歌」の演奏が行《おこな》われた〉

先ほど「月光」の演奏に使われたピアノは、スペインの大音楽家パブロ・カザルス（一八七六年―一九七三年）が所有《しょゆう》し、使っていたとされる、たいへんに由緒《ゆいしょ》あるピアノである。

本日、初《はじ》めて演奏していただいた。

カザルスは、牧口先生とほぼ同世代《どうせだい》。（牧口初代《しょだい》会長は一八七一年生まれ）

お二人《ふたり》はともに、偉大《いだい》なる平和と人道《じんどう》の闘士《とうし》であった。
その意味《いみ》において、カザルスゆかりのピアノが、牧口先生を顕彰《けんしょう》する殿堂《でんどう》（東京牧口記念会館）で奏《かな》でられたことは、たいへんに意義《いぎ》が大きいと私は思う。（拍手）

カザルスは、人種《じんしゅ》や思想《しそう》のゆえに迫害《はくがい》されている人を見ると、絶対《ぜったい》に黙《だま》っていなかった。そうした人々を厳然《げんぜん》と守《まも》る「勇気《ゆうき》の人」であり、「正義《せいぎ》の人」であった。

〝人権《じんけん》への野蛮《やばん》な圧政《あっせい》を許《ゆる》してはならない。民衆《みんしゅう》が権力《けんりょく》を監視《かんし》し、正《ただ》していかねばならない〟――カザルスは、これしかないと主張《しゅちょう》した。それこそが「文明《ぶんめい》の勝利《しょうり》」であると考《かんが》えた。

ゆえに、祖国《そこく》スペインのフランコ政権《せいけん》によるファシズム独裁《どくさい》や、ナチス・ドイツに敢然《かんぜん》と抵抗《ていこう》し、チェロと指揮棒《しきぼう》を手に世界中を駆《か》けめぐった。（カザルスは、こうした演奏旅行《えんそうりょこう》で得《え》た収入の大部分を、反《はん》ファシズム勢力《せいりょく》の援助《えんじょ》にあてた）

祖国であろうと、否《いな》、祖国であるゆえに、「こんな国に、いることはできない！　私は文化の闘士として世界を回《まわ》る。チェロと指揮棒さえあればよいのだ！」。

おそらく彼《かれ》は、このような気概《きがい》であったにちがいない。

彼《かれ》は、正義《せいぎ》を攻撃《こうげき》する悪《あく》とは、絶対《ぜったい》に妥協《だきょう》しなかった。徹底《てってい》して戦《たたか》った。

このように教育し、彼の生命に刻《きざ》みつけたのは、彼のお母さんであった。

母親の信念《しんねん》が大事である。信心の世界においても、母親の信心が立派《りっぱ》な家庭は、子どもも立派に育《そだ》っている。

彼は語《かた》っている。

「人間性の尊厳《そんげん》に対する侮辱《ぶじょく》は、私への侮辱だ。不正《ふせい》に抗議《こうぎ》することは良心《りょうしん》の問題なのだ」（井上頼豊『カザルスの心——平和をチェロにのせて』岩波ブックレット）

外からの圧迫《あっぱく》があればあるほど、内なる生命力《せいめいりょく》を奮《ふる》い立たせて立ち向《む》かっていく。これが青年である。

ちょうど六十年前の一九三六年七月十九日、カザルスは、祖国《そこく》スペインで行《おこな》われる「世界平和のための祭典《さいてん》」（ナチスによるベルリン・オリンピックに反対《はんたい》して開《ひら》かれた「人民《じんみん》オリンピック」）で指揮《しき》をすることになった。

曲《きょく》は、ベートーヴェンの「第九」（第九交響曲《こうきょうきょく》）である。ところが、その前日のリハーサルの真《ま》っ最中《さいちゅう》、突然《とつぜん》の知らせが入《はい》る。（会場はバルセロナのカタロニア音楽堂。ちょうど第三楽《がく》章《しょう》が終《お》わり、まさに合唱《がっしょう》が始《はじ》まるところだった。以下、前掲『カザルスの心』、J・M・コレドール『カザルスとの対話』〈佐藤良雄訳、白水社〉を参照）

「反乱軍《はんらんぐん》（ファシストの軍隊《ぐんたい》）がこの地を攻撃《こうげき》しようとしている。明日の公演《こうえん》はできないだろう。一刻《いっこく》も早《はや》く、全員《ぜんいん》ここから避難《ひなん》してほしい」――。

驚《おどろ》きの知らせ。だが、カザルスは、厳然《げんぜん》と皆《みな》に呼《よ》びかけた。

「今、別《わか》れたら、われわれは、いつまた会えるかわからない。別れる前に、最後まで演《えん》奏《そう》しようではないか」

すると全員が、次々《つぎつぎ》に賛同《さんどう》の声をあげ始《はじ》めた。

「そうだ！」「賛成《さんせい》！」「賛成！」と。

そしてふたたび、演奏を始め、あの「歓喜《かんき》の歌」を力強《ちからづよ》く歌い上げていった。

それは、暴力《ぼうりょく》に屈《くっ》しない文化の力《ちから》の象徴《しょうちょう》であった。

「われわれの〝魂《たましい》の響《ひび》き〟が、最後に勝《か》つのだ！」との叫《さけ》びであった。

心打《う》つ、名画《めいが》のごとき場面《ばめん》である。

このような心意気《こころいき》に、本当の創価学会の息吹《いぶき》もある。

ともあれ、ひとつ間違《まちが》えば、パニックになりかねない緊急事態《きんきゅうじたい》であった。

しかし、指揮者《しきしゃ》カザルスの「勇気《ゆうき》の一言《ひとこと》」が、皆《みな》の心にも勇気を吹《ふ》きこみ、皆の心を一つにしたのである。

指導者の「勇気の一言」がどれほど大事か。「知恵《ちえ》の力《ちから》」がどれほど必要《ひつよう》か。右手に「勇気」、左手に「知恵」。それでこそ本物《ほんもの》の指導者である。そうでなければ、形《かたち》だけの指導者である。

「声仏事《ぶつじ》を為《な》す」（御書七〇八ページ）と、御書には仰《おお》せである。勇気の「声」が、大勢《おおぜい》の同《どう》志《し》を守《まも》る。広宣流布《こうせんるふ》を進《すす》める。この事実を深《ふか》くかみしめていただきたい。

カザルスは、生涯《しょうがい》、民衆《みんしゅう》とともに、民衆の中で生きぬくことをモットーとしていた。

彼《かれ》は言う。

「私は庶民《しょみん》の中で育《そだ》ち、庶民といつも一体《いったい》だった」（前掲『カザルスの心』）

「私は決《けっ》して自分の貧《まず》しい生まれを忘《わす》れない。そしていつまでも、故郷《こきょう》の同胞《どうほう》たちのそばに立ちつづけるつもりだ」（同）

私も、彼と同じ気持ちである。まじめな会員のために、そのためにだけ私は生きている。

思えば、牧口先生も、貧《まず》しい寒村出身《かんそんしゅっしん》の一庶民《しょみん》であることを誇《ほこ》りとしておられた。地位《ちい》ではない。肩書《かたがき》でもない。妙法を持《たも》ち、広宣流布《こうせんるふ》に生きている人が、最《もっと》も尊《とうと》いのである。庶民が、一切《いっさい》の「原点《げんてん》」なのである。

本部幹部会

われらの〝民衆交響楽《みんしゅうこうきょうがく》〟が人類《じんるい》をつつむ

（一九九二年四月二十六日）

先ほどは、すばらしい演奏《えんそう》と合唱《がっしょう》を披露《ひろう》していただいた（音楽隊、鼓笛隊《こてきたい》、各合唱団代表によるオリジナル曲《きょく》「凱旋《がいせん》の道」）。わが学会の交響曲、交響詩《し》ともいうべき、見事《みごと》な調《しら》べであった（拍手）。そこで、まず「音楽の国」「音楽の都《みやこ》」として知られるチェコスロバキア（当時）の話《はなし》から入《はい》りたい。

チェコの国民的名曲《めいきょく》、スメタナの「わが祖国《そこく》」

四月が終《お》わり、五月の声を聞くころ、チェコスロバキアに、ヨーロッパ随一《ずいいち》ともいわれる美《うつく》しい春が訪《おとず》れる。野山は色鮮《あざ》やかな花々につつまれ、小鳥《ことり》たちは喜《よろこ》びの歌をさえずる。そして、毎年五月十二日、春の装《よそお》いに彩《いろど》られたプラハの街《まち》では、世界的に有名《ゆうめい》な「プラハの春の音楽祭」が開《ひら》かれる。ちょうど学会の〝新春〟の「五月三日」の季節《きせつ》と同じである。

この音楽祭の冒頭《ぼうとう》に、必《かなら》ず演奏《えんそう》される曲《きょく》がある。それは、この日に亡《な》くなった〝国民音楽の父〟スメタナ（一八二四年―八四年）の名曲《めいきょく》「わが祖国《そこく》」。この交響詩《こうきょうし》のなかでも、第二曲「モルダウ」の美《うつく》しい旋律《せんりつ》はとくに有名《ゆうめい》で、世界的に親《した》しまれている。

先日、創価大学の記念講堂で行《おこな》われた「4・2記念合唱祭《がっしょうさい》」でも、川崎（神奈川）の合唱団が、見事《みごと》にこの「モルダウ」を歌ってくださった。大喝采《だいかっさい》の名演《めいえん》であった。

「モルダウ」は、チェコスロバキアを流《なが》れるモルダウ川（ヴルタヴァ川）をたたえた曲である。渓流《けいりゅう》から大河《たいが》へと水かさを増《ま》しつつ、悠久《ゆうきゅう》の時を超《こ》えて大地を潤《うるお》しながら、滔々《とうとう》と流れ続《つづ》けるモルダウ――。私はいつも、「広宣流布《こうせんるふ》」のイメージを重《かさ》ね合《あ》わせながら、この曲を聴《き》いていた。

モルダウ川は、チェコスロバキアの西部に源《みなもと》を発《はっ》する。岩々《いわいわ》を洗《あら》い、林や草原《そうげん》を軽《かろ》やかに抜《ぬ》け、昼は太陽の光《ひかり》に美《うつく》しく輝《かがや》き、夜は月光《げっこう》をキラキラと映《うつ》しながら走っていく。やがて広々とした流《なが》れとなってプラハを通《とお》り、ドイツへと進《すす》んでいく。きょうは、そのドイツからも代表が参加されている。

「わが祖国《そこく》」——この曲《きょく》が生まれたころ、スメタナの祖国（ボヘミア）は、二百五十年にもわたる他国支配《しはい》のもとにあった（最終的には約三百年の支配から解放《かいほう》された）。民衆《みんしゅう》は圧政《あっせい》に苦《くる》しんでいた。

スメタナは音楽をとおして、愛《あい》する〝わが祖国〟の歴史《れきし》と自然《しぜん》をたたえ、苦衷《くちゅう》のさなかにある人々の「勇気《ゆうき》」を鼓舞《こぶ》し、「希望《きぼう》」を贈《おく》ろうとした。

しかもこの曲は、幻聴《げんちょう》に悩《なや》まされ、耳が聞こえなくなるという、音楽家にとって致命的《ちめいてき》ともいえる状況《じょうきょう》のなかで作られたのである。「モルダウ」の曲が完成《かんせい》した時、彼の耳は、完全《かんぜん》に音を失《うしな》っていた。

〈交響詩《こうきょうし》「わが祖国」は、六つの曲で構成《こうせい》され、一八七四年から七九年〈五十—五十五歳〉にかけて完成した。聴覚異常《ちょうかくいじょう》の兆候《ちょうこう》は四十歳のころから現《あらわ》れていたといわれる。第一曲を書き上げると間《ま》もなく、両耳の聴覚が完全になくなり、残《のこ》りの五曲は超人的《ちょうじんてき》な精神力をもって書き上げられた〉

彼《かれ》は、自分が生みだした調《しら》べを、聴《き》くことができなかった。しかし、なんとしても人々を励《はげ》ましたいという信念《しんねん》の炎《ほのお》は、断《だん》じて消《き》えなかった。

その魂《たましい》をこめた名曲《めいきょく》「わが祖国《そこく》」は、今なお、チェコスロバキアはもとより、世界中の人々の心を癒《いや》し、励《はげ》まし、感動《かんどう》と喜《よろこ》びでつつみ続《つづ》けている。

スメタナは〝どん底《ぞこ》〟ともいえる境遇《きょうぐう》のなかから、〝最高峰《さいこうほう》〟の作品をつくった。ベートーヴェンも同じように、耳が聞こえないという不遇《ふぐう》のなかから、世界的な業績《ぎょうせき》を残《のこ》した。

彼《かれ》らの境遇に比《くら》べれば、皆《みな》さまは、はるかに幸《しあわ》せかもしれない。大きな可能性《かのうせい》の道が開《ひら》かれている。何があろうと、私どもには妙法がある。信心がある。使命《しめい》がある。情熱《じょうねつ》がある。同志《どうし》がいる。無限《むげん》の力《ちから》を引《ひ》き出しながら、強《つよ》く、また強く、楽《たの》しく、また楽しく堂々《どうどう》と生きぬいていける。広布《こうふ》の指揮《しき》をとっていける。

人類《じんるい》のため、地域《ちいき》のため、自身《じしん》と一家一族のために、自分の最高の可能性を発揮《はっき》しながら広宣流布《こうせんるふ》に歩《あゆ》みぬいていく。それが学会精神であり、大聖人の仏法の正道《せいどう》である。地涌《じゆ》の菩薩《ぼさつ》の人生である。

スメタナが示《しめ》したように、芸術家《げいじゅつか》は、ある意味《いみ》で、いちばん苦《くる》しい時にこそ、いちばん深《ふか》い、充実《じゅうじつ》した作品を生みだせる。振《ふ》り返《かえ》れば、その時が、最《もっと》も幸せな時だとさえ、いえるかもしれない。

学会も弾圧《だんあつ》のたびに発展《はってん》し、偉大《いだい》な価値《かち》を生んできた。「民衆《みんしゅう》の勝利《しょうり》」の歴史《れきし》を見事《みごと》に築《きず》いてきた。それは今も、またこれからも同じである。

「わが学会！」「わが精神の祖国《そこく》！」――学会歌を高らかに歌いながら、私どもが日々、奏《かな》でている喜《よろこ》びの〝交響曲《こうきょうきょく》〟は、あらゆる苦難《くなん》をつきぬけて、後継《こうけい》の友に、全世界の人々に、永遠《えいえん》に「勇気《ゆうき》」を贈《おく》りゆくことを確信《かくしん》していただきたい。（拍手）

「民衆」が立つ時、「ドラマ《変革の劇》」が生まれる

長い他国の支配《しはい》のもとで、人々の心は固《かた》く閉《と》ざされていた。

歴史上には残虐《ざんぎゃく》な民衆弾圧《だんあつ》の史実《しじつ》が無数《むすう》にある。それらに比《くら》べれば、現在の学会の難《なん》は、嵐《あらし》というよりも〝一滴《いってき》〟の雨粒《あまつぶ》のようなものかもしれない。こんなものに負《ま》けてはならない。

人々の心をあたたかく照《て》らしたのは、スメタナをはじめ愛国《あいこく》の芸術家《げいじゅつか》たちが贈った「勇気」の光《ひかり》であった。人々は、だれからともなく、こう呼《よ》びかけるようになった。「自分たちの手で、自分たちの劇場《げきじょう》をつくろう！」――と。

踏《ふ》まれても踏まれても生《は》えてくる雑草《ざっそう》のごときたくましさ――これが民衆《みんしゅう》の力《ちから》である。どんなに抑圧《よくあつ》しようとも、民衆の「心」までは支配《しはい》できない。人々は、建築費用《けんちくひよう》を、すべて自分たちの募金《ぼきん》でまかないながら、建設《けんせつ》を進《すす》めていった。私どもが会館をつくる精神にも似《に》ている。

また、祖国《そこく》の各地から石を集《あつ》めて、劇場《げきじょう》の礎石《そせき》をつくり上げた。そして、十三年の歳月《さいげつ》をかけて一八八一年、有名《ゆうめい》な国民劇場が、モルダウ川のほとりに完成《かんせい》した。

そのこけら落《お》とし（オープニング）の日、すでにスメタナの耳は聞こえなくなっていたが、彼《かれ》は、この日のような〝民族《みんぞく》の記念すべき祝祭《しゅくさい》〟の作品として、九年前にオペラ（「リブシェ」）を完成させていた。そして、この日、華々《はなばな》しく上演《じょうえん》されたのである。

しかし、残念《ざんねん》なことに、この劇場は完成のわずか二カ月後に焼失《しょうしつ》してしまう。あれほどの苦労《くろう》をし、あれほど楽《たの》しみにしていた建物《たてもの》が――。人々を襲《おそ》った悲《かな》しみは、あまりにも大きかった。

普通《ふつう》ならば、そのままあきらめてしまうところかもしれない。しかし、ひとたび民衆の心に燃《も》えさかった炎《ほのお》は、いかなることをもっても消《け》すことはできなかった。不幸《ふこう》を薪《たきぎ》に、いちだんと燃《も》え上《あ》がった。

「もう一度、自分たちの手でつくり上げよう！」――人々は立ち上がった。学会も何があろうと、断《だん》じて前へ、また前へと進《すす》んできた。不屈《ふくつ》の「前進《ぜんしん》」のなかに「希《き》望《ぼう》」がある。「発展《はってん》」がある。「勝利《しょうり》」がある。「幸福」がある。不可能《ふかのう》を可能にするエネルギーが生まれる。（拍手）

スメタナも、聴覚《ちょうかく》を失《うしな》いながら、タクト（指揮棒《しきぼう》）をとり、演奏会《えんそうかい》を行《おこな》って、再建《さいけん》に奔《ほん》走《そう》した。そして、わずか二年後、皆《みな》の力《ちから》で劇場《げきじょう》は完成《かんせい》。ふたたびスメタナのオペラで、勝《しょう》利《り》の開演《かいえん》の時を迎《むか》えたのである。

民衆《みんしゅう》が力《ちから》を合《あ》わせた時、〝奇跡《きせき》〟ともいうべきドラマが生まれる。この中部で、そして全国で、私どもはまた新《あら》たなる〝勝利のドラマ〟を生みだしてまいりたい。（拍手）

「3・16」記念全国青年部幹部会

誇《ほこ》らかに民衆の「凱旋行進曲《がいせんこうしんきょく》」を

（一九九一年三月十二日）

青空に高鳴《たかな》る〝勝利《しょうり》の響《ひび》き〟。春風にうたう〝喜《よろこ》びの音律《おんりつ》〟――晴《は》れわたる、きょうの大空のごとく、すばらしい演奏《えんそう》でした。〝日本一〟の音楽隊、鼓笛隊《こてきたい》の皆《みな》さま、本当にありがとう（拍手）。（中部音楽隊・鼓笛隊が、歌劇《かげき》「アイーダ」より「凱旋行進曲」、学会歌「威風《いふう》堂々《どうどう》の歌」を演奏した）

今秋の中部の大文化祭の折《おり》には、海外から多くのメンバーや来賓《らいひん》が参加される予定であり、どうかまた見事《みごと》な演奏で、晴れ舞台《ぶたい》を飾《かざ》っていただくよう、よろしくお願《ねが》いします。（拍手）

今の「凱旋行進曲」は、いうまでもなくオペラ王ヴェルディの傑作《けっさく》「アイーダ」の中の名曲《めいきょく》である。創立《そうりつ》七十周年には、中部は、この祝典《しゅくてん》の曲で盛大《せいだい》に飾っていくことを、本日

の総会を記念し提案《ていあん》したいと思うが、いかがであろうか。（賛成《さんせい》の拍手）

私どものめざす広布《こうふ》の「凱旋行進曲《がいせんこうしんきょく》」。それは、妙法による世界の民衆《みんしゅう》の「蘇生《そせい》」と「幸福」の壮大《そうだい》なドラマである。「自由」と「民主《みんしゅ》」を高らかにうたいあげる「人間」の勝《か》ちどきである。

さて、賛成はしたものの、「〝アイーダ〟はよく知らない」（笑い）という方もいらっしゃるかもしれない。そこで少々、紹介《しょうかい》しておきたい。とくに若《わか》き諸君《しょくん》は、いつも何かを学《まな》んでいく姿勢《しせい》をもっていただきたいからだ。

作曲者《さっきょくしゃ》のヴェルディ（一八一三年―一九〇一年）は、古今《ここん》を通《つう》じて最大《さいだい》のオペラ作家《さっか》の一人《ひとり》である。北イタリア・パルマの小さな村の宿屋《やどや》に生まれた。十八歳でミラノに出て作曲を学ぶ。当時、イタリアは統一《とういつ》運動によって社会全体が揺《ゆ》れ動くなか、ヴェルディは「オペラ作家になろう」と情熱《じょうねつ》をもち続《つづ》けた。

この人生に〝何か〟を残《のこ》すのだ。社会が揺れ動こうと、だれが邪魔《じゃま》しようと、私の人生は私のものだ。必《かなら》ず歴史《れきし》を刻《きざ》んでみせる――恵《めぐ》まれた環境《かんきょう》、平凡《へいぼん》な人生からは、偉大《いだい》な人間は生まれない。〝波瀾万丈《はらんばんじょう》の激動《げきどう》こそ、望《のぞ》むところだ〟。

この「心意気《こころいき》」が、人物《じんぶつ》をつくっていく。

さて歌劇《かげき》「アイーダ」は、古代《こだい》エジプトを舞台《ぶたい》とした物語で、マリエット（フランスのエジプト学者）の作品をヴェルディが一八七〇年に作曲《さっきょく》した。（スエズ運河《うんが》の開通《かいつう》を記念し、エジプト太守《たいしゅ》から作曲の依頼《いらい》を受《う》けたもの）

物語は四幕《まく》からなり、エチオピアの王女アイーダが戦《たたか》いでエジプト軍に捕《と》らえられ、身《み》分《ぶん》を隠《かく》したまま奴隷《どれい》に――。やがて若《わか》き将軍《しょうぐん》ラダメスと、ひそかに愛《あい》し合《あ》うようになる。アイーダは、祖国《そこく》への思いと恋人《こいびと》への愛との板《いた》ばさみに苦《くる》しむが、自分のために反逆罪《はんぎゃくざい》で捕らえられ、死刑《しけい》となるラダメスとともに死のうと決《き》める。そして二人《ふたり》が永遠《えいえん》に結《むす》ばれる喜《よろこ》びをうたって、この世《よ》に別《わか》れを告《つ》げるという内容《ないよう》である。

一面、悲劇《ひげき》だが、政治的な権力《けんりょく》や野心《やしん》による画策《かくさく》のなか、祖国愛と人間愛に生きた主人《しゅじん》公《こう》の姿《すがた》をとおして、時代を超《こ》えた「人間」の真実《しんじつ》を情感豊《じょうかんゆた》かに描《えが》いている。

「凱旋行進曲《がいせんこうしんきょく》」は、「アイーダ」の第二幕で、エジプト軍がエチオピアとの戦《たたか》いに大勝利《だいしょうり》し、帰国《きこく》した兵士《へいし》たちを歓喜《かんき》の歌や踊《おど》りで祝《いわ》う場面《ばめん》の曲である。（「アイーダ」は悲劇ではあるが、作品の成立動機《せいりつどうき》や性格《せいかく》から、音楽祭や祝典《しゅくてん》での出《だ》し物《もの》、オペラ・シーズンの幕開《まくあ》きとして多く上演《じょうえん》されている）

全国青年部幹部会

独立《どくりつ》の魂《たましい》の曲《きょく》「フィンランディア」

（一九九八年五月八日）

音楽隊の演奏《えんそう》、ありがとう！　見事《みごと》です！（拍手）

（創価グロリア吹奏楽団《すいそうがくだん》が、交響詩《こうきょうし》「フィンランディア」〈シベリウス作曲《さっきょく》〉を演奏した）

有名《ゆうめい》な曲だが、どういう曲か、わかる人はいるだろうか。

（会場から「フィンランド国民が、ロシアの圧政《あっせい》に対して立ち上がった、革命《かくめい》の歌です」との声があがる）

そのとおりである。

フィンランドの民衆《みんしゅう》は、この曲を奏《かな》で、歌いながら、独立を成就《じょうじゅ》した。弱小《じゃくしょう》とされた国が、大帝国《だいていこく》ロシアの支配《しはい》を打倒《だとう》したのである。ちょうど百年前に始《はじ》まった戦《たたか》いである。

（十九世紀末《せいきまつ》、ロシア皇帝《こうてい》の圧政に対して、フィンランド民衆の抵抗《ていこう》運動が燃《も》えさかる。「第二の国歌」ともいえる「フィンランディア」の初演《しょえん》は一八九九年。愛国心《あいこくしん》ほとばしる壮麗《そうれい》な曲《きょく》は、ロシア官憲《かんけん》の演奏禁止《えんそうきんし》命令《めいれい》にもかかわらず、曲名を変《か》え、いたるところで演奏され、自由への闘争《とうそう》のシンボルとなった。フィンランドは一九一七年に独立《どくりつ》する）

もう一度、演奏していただいてはどうか。（拍手）

（二度目の演奏）

いい音楽である。欣喜雀躍《きんきじゃくやく》としてくる。静《しず》かな響《ひび》きで始《はじ》まるが、だんだんと力強《ちからづよ》くなり、やがて朗《ほが》らかにダンスを踊《おど》るような響きになる。

はじめは「生活をどうしよう」「殺《ころ》されるのがこわい」と民衆《みんしゅう》は迷《まよ》っている。しかし、だんだんと目覚《めざ》めていき、最後は「よし、戦《たたか》おう！」と立ち上がる。そして乱舞《らんぶ》する――

私には、そんな情景《じょうけい》が浮《う》かんでくる。

Ⅳ 長編詩

音楽隊の皆様に捧《ささ》ぐ

広布の楽雄《がくゆう》！　偉大《いだい》なる平和の行進

逆巻《さかま》く怒濤《どとう》の
大海原《おおうなばら》を
悠然《ゆうぜん》と見つめながら
彼《かれ》らは
生命の誇《ほこ》りと
未来《みらい》の夢《ゆめ》を持ち続《つづ》ける。

互《たが》いに
見交《みか》わした瞳《ひとみ》は
決意《けつい》と信頼《しんらい》に満《み》ち満ちて
偉大な楽器《がっき》を叩《たた》きながら
前進《ぜんしん》する！

彼らの
広宣流布《こうせんるふ》への業績《ぎょうせき》は
過去《かこ》も　現在も　未来も
驚異的《きょういてき》な賞讃《しょうさん》を
贈《おく》られてよいだろう。

新世界を
開《ひら》きゆかんとする情熱《じょうねつ》！
世紀《せいき》の創価の時代を
開きゆかんとする決心《けっしん》！

その深《ふか》き心と心の働《はたら》きは
美《うつく》しくして壮大《そうだい》に共鳴《きょうめい》し
その熱《ねつ》と力《ちから》は
勝利《しょうり》を勝《か》ち取《と》らんとする
喜々《きき》とした行進《こうしん》であった。

新しい友も
新しい兄弟《きょうだい》となって
あらゆる苦難《くなん》をも
新しき栄冠《えいかん》の日々に
変《か》えてゆく！

その見事《みごと》なる
大交響楽《だいこうきょうがく》の
目標《もくひょう》に向《む》かいゆく英姿《えいし》は
いかなる敵《てき》も
襲撃《しゅうげき》することができない！

いかなる嫉妬《しっと》の敵の
威嚇《いかく》をもってしても
その完璧《かんぺき》な
宇宙《うちゅう》と相交《あいまじ》わりゆく
大音声《だいおんじょう》をば
略奪《りゃくだつ》することはできない！

彼《かれ》らは
強力《きょうりょく》な心と心との
人間の集《あつ》まりだ。

ある時は
稲妻《いなずま》が走り
ある時は
雷鳴《らいめい》が轟《とどろ》き
ある時は
静《しず》かなる小鳥《ことり》の
囀《さえず》りを思わせ
ある時は
最後まで朽《く》ちゆかぬ
花となって

最《もっと》も強《つよ》く美《うつく》しく！
大演奏《だいえんそう》は
魂《たましい》の思想《おもい》を
永遠《えいえん》の存在《そんざい》とし
闇《やみ》を破《やぶ》って
誉《ほま》れの翼《つばさ》を広げていった。

不屈《ふくつ》の楽聖《がくせい》
ベートーヴェンは語《かた》った。
「音楽は、
一切《いっさい》の智慧《ちえ》・一切の哲学《てつがく》よりも
さらに高い啓示《けいじ》である。……
私の音楽の意味《いみ》を
つかみ得《え》た人は、

他《た》の人々がひきずっている
あらゆる悲惨《ひさん》から
脱却《だっきゃく》するに相違《そうい》ない」

彼《かれ》らは
全軍《ぜんぐん》の闘士《とうし》の
心を打《う》ちゆかんと
涙《なみだ》を流《なが》して！
彼らは
偉大《いだい》な我《わ》が友の
仇討《あだう》ちをせしめんと
悲《かな》しみを超《こ》えて！
誉《ほま》れある魂《たましい》を
剣《けん》として
圧制《あっせい》の輩《やから》と戦《たたか》った。

彼らは
皆《みな》が無名《むめい》の
栄光《えいこう》の英雄《えいゆう》である。

あの火を吐《は》く思いの
乱打《らんだ》は
新世紀《しんせいき》への
迸《ほとばし》る飛沫《しぶき》となって
人々の胸《むね》に散《ち》っていった。

彼らの
不撓《ふとう》の嵐《あらし》のごとき反響《こだま》は
世界の玉座《ぎょくざ》に立つ王者《おうじゃ》の
冠《かんむり》をも落《お》とさしめ

最敬礼《さいけいれい》の礼儀《れいぎ》を
為《な》さしめていった。

深々《ふかぶか》と
頭《こうべ》を垂《た》れゆく王者《おうじゃ》は
「過去《かこ》より新しき未来《みらい》へ
私たちの
素晴《すば》らしい大勝利像《だいしょうりぞう》の
演奏《えんそう》であった！」と
絶讃《ぜっさん》する。

ああ
今までの廃《すた》れた
贅沢《ぜいたく》の歌よ！
月光《げっこう》の宮殿《きゅうでん》は

新《あら》たな「勝利の歌」と共《とも》に
輝《かがや》いていくであろう。

誰人《だれびと》からも
会釈《えしゃく》されなくても
嵐《あらし》に恐《おそ》れぬ全軍《ぜんぐん》を
奮《ふる》い立たせてゆく！

私は
心に王冠《おうかん》を抱《いだ》いた
君たちへ
最大《さいだい》の会釈《えしゃく》をもって
讃《たた》えたい。

世界一の

楽雄《がくゆう》たちの大演奏《だいえんそう》は
世界の
あの地　この地で
轟《とどろ》き響《ひび》いている。

その凛々《りり》しき
真《しん》の芸術《げいじゅつ》の英雄《えいゆう》たちの
演奏の前には
無数《むすう》の
平和を欲《ほっ》する人たちが
拍手《はくしゅ》をもって
楽《たの》しんでいる。

毎年《まいとし》　行《おこな》われる
文化のコンクールにおいても
受《う》けた　その賞《しょう》は
数知《かずし》れない。

君たちの
清々《すがすが》しく
次々《つぎつぎ》と湧《わ》き出《い》ずる
創造《そうぞう》の交響《こうきょう》の曲《きょく》は
人生の枯《か》れ果《は》てた
心の雑草《ざっそう》をば
新しい花と変《か》えていく
新鮮《しんせん》な力《ちから》をもっている。

十九世紀《せいき》のロシアの作曲家《さっきょくか》
ムソルグスキーは言った。
「生命が、

新しい音楽の仕事と
幅広《はばひろ》い音楽活動を
呼《よ》びかけている。
善《ぜん》の道めざして
更《さら》に進《すす》むのだ」

おお　君たちは
どす黒《ぐろ》い忌々《いまいま》しき
権力者《けんりょくしゃ》よりも
はるかに気高《けだか》き
平和と正義《せいぎ》の
人間指導者だ。

黒《くろ》き毒《どく》を持った
為政者《いせいしゃ》は
人民《じんみん》の傷口《きずぐち》に
流《なが》れ出る血《ち》をば
さらに野獣《やじゅう》のごとく
笑《わら》いながら
追《お》い立て苦《くる》しめていく。

森の中へ
息絶《いきた》え絶《だ》えに逃《に》げ込《こ》んだ
多くの民衆《みんしゅう》を
愚《おろ》かにして悔《く》いのある
人生の過《す》ぎし道より
新しき白日《はくじつ》の
自由と平和の
青春の庭園《ていえん》に通《つう》ずる道へ
君たちは

悠然《ゆうぜん》と導《みちび》き歩《あゆ》む。

そこには
熱烈《ねつれつ》たる歓迎《かんげい》の
諸天《しょてん》が
善神《ぜんじん》たちが
待《ま》っている。

御聖訓《ごせいくん》にいわく
「天《そら》より四種《ししゅ》の花ふり
虚空《こくう》に音楽聞《きこ》え、
諸仏《しょぶつ》・菩薩《ぼさつ》は皆《みな》
常楽我浄《じょうらくがじょう》の風に
そよめき給《たま》へば
我《わ》れ等《ら》も必《かなら》ず
其《そ》の数に列《つら》ならん」と。

君たちの大演奏《だいえんそう》は
美《うつく》しき夢《ゆめ》があり
足取《あしど》りも軽《かる》く
新《あら》たな人生に
力《ちから》を与《あた》えてくれる。

万人《ばんにん》が
君たちの魂《たましい》の音楽に
華《はな》やかな新たな出発《しゅっぱつ》を
決意《けつい》することができる。

君たちの生命の音楽は
無数《むすう》の人たちに

黄金《おうごん》の楽曲《がっきょく》となって
嘆《なげ》きも復讐《ふくしゅう》も忘《わす》れて
己《おのれ》の生きる力《ちから》を
己の生きる喜《よろこ》びを
己の高き心を
揺《ゆ》り動かしてくれる。

そして
驕慢《きょうまん》なる
多くの輩《やから》に立ち向《む》かう
断固《だんこ》たる
勇猛《ゆうもう》の戦《いくさ》の力を
与《あた》えてくれる。

交響曲《こうきょうきょく》の父《ちち》ハイドンは

祖国《そこく》が侵略《しんりゃく》される危機《きき》の中
ピアノを何度《なんど》も
弾《ひ》きながら
友らを励《はげ》ました。
何も恐《おそ》れることはない。
この私がいる限《かぎ》り
皆《みな》　決《けっ》して
不幸《ふこう》になることはない！　と。

おお
人の心を無限《むげん》に高めゆく
君たちの威厳《いげん》！
おお
すべての若者《わかもの》が
共《とも》に　この世《よ》で

合唱《がっしょう》を誓《ちか》いあう
その響《ひび》き来《きた》りし音律《おんりつ》は
すべての友に
間近《まぢか》き幸福を約束《やくそく》する。

おお　殺気《さっき》を孕《はら》んだ
この世界。
おお　凶暴《きょうぼう》な
獣《けだもの》たちの吠《ほ》えゆく
この人生。

君たちは
偉大《いだい》なる獅子《しし》の広場を
前にして
深々《ふかぶか》として

新しい生きゆく光《ひかり》を！
心を遊楽《ゆうらく》させゆく力《ちから》を！
そしてまた
泣《な》かねばならぬ
悲《かな》しき胸《むね》に
断固《だんこ》として生き抜《ぬ》く
新しい交歓《こうかん》の力を贈《おく》る！

あの人にも
この人にも
疾風《はやて》のごとく
苦悩《くのう》が歓喜《かんき》に
失望《しつぼう》が希望《きぼう》に
不幸《ふこう》が幸福にと
一変《いっぺん》しゆく力を！

人間の妬《ねた》み深《ぶか》い
その奥《おく》まで
美質《びしつ》の響《ひび》きをもって
多くの虚栄《きょえい》と虚飾《きょしょく》を
振《ふ》り払《はら》い
真実《しんじつ》の幸福と
また真実の勝利《しょうり》の杯《はい》を
上げてくれる君たちよ！

若《わか》き！
若き君たちよ！
君たちの崇高《すうこう》な陰《かげ》の労苦《ろうく》を
見ている人も
見ていない人たちも

因果《いんが》の理法《りほう》に連《つら》なり
無量《むりょう》の観衆《かんしゅう》たちの
拍手《はくしゅ》と歓呼《かんこ》は
鳴《な》り止《や》むことはないだろう。

君たちの真実の世界は
君たちの真実の世紀《せいき》は
あらゆる暗《くら》い運命《うんめい》も
あらゆる邪悪《じゃあく》の闇《やみ》も
すべてを
過去《かこ》の幻影《げんえい》とさせゆく
大事な力《ちから》を持っている。

無数《むすう》の人間に
あの少年の日の夢《ゆめ》をば

そして
広大《こうだい》な炎《ほのお》をば
私たちに差《さ》し伸《の》べてくれる。

若《わか》き英雄《えいゆう》たちの
威風堂々《いふうどうどう》の勝利《しょうり》のマーチを
力強《ちからづよ》く先導《せんどう》するのは
トランペットだ。
弾《はず》んだ
意気揚々《いきようよう》たる音は
重苦《おもくる》しい障害物《しょうがいぶつ》をも
機関銃《きかんじゅう》のように打《う》ち砕《くだ》く!

その急《いそ》ぎ足《あし》を
しっかりと支《ささ》えながら

トロンボーンが
正確《せいかく》にリズムを刻《きざ》み
永遠《えいえん》に勝《か》ちゆく
歩調《ほちょう》を整《ととの》える。

さらにまた
ユーフォニウムの
落《お》ち着《つ》いた音《ね》は
皆《みな》に自信《じしん》と安心《あんしん》を広げ
悠然《ゆうぜん》たるホルンは
大人《たいじん》の風格《ふうかく》のごとく
おおらかな余韻《よいん》に
人々の心を包《つつ》んでくれる。

そして

重鎮《じゅうちん》のチューバや
スーザフォンが
地響《じひび》きのごとく
地涌《じゆ》の雄叫《おたけ》びのごとく
誇《ほこ》り高き常勝《じょうしょう》の指揮《しき》をとる。

木管《もっかん》の楽器《がっき》たちも
負《ま》けていない。

朗《ほが》らかなクラリネットは
滔々《とうとう》たる川の流《なが》れるように
主旋律《しゅせんりつ》を奏《かな》で
妙《たえ》なるフルートの音色《ねいろ》は
朝《あさ》の小鳥《ことり》の歌のように
喜《よろこ》びの銀鈴《ぎんれい》を鳴《な》らし

オーボエや
サキソフォンは
奥深《おくぶか》い人生の智慧《ちえ》を
賢者《けんじゃ》の声のように
語《かた》りかける。

「友よ　負《ま》けるな！」と
スネアドラム（小太鼓《こだいこ》）が
胸《むね》の共鳴板《きょうめいばん》を乱打《らんだ》すれば
「同志《どうし》よ　勝《か》ち抜《ぬ》け！」と
バスドラム（大太鼓）が
千万の魂《たましい》を揺《ゆ》さぶり鼓舞《こぶ》する。

そして　勇壮華麗《ゆうそうかれい》な
シンバルの響き

どよめく
ティンパニの連打《れんだ》が
民衆《みんしゅう》の勝利劇《しょうりげき》を
おごそかに祝福《しゅくふく》する。

ああ
天空《てんくう》を翔《かけ》ゆく高音《こうおん》から
大地を揺《ゆ》るがす低音《ていおん》まで
なんと絶妙《ぜつみょう》なハーモニー！

僕《ぼく》たちは
音楽隊の演奏《えんそう》が
大好《だいす》きだった。
両眼《りょうがん》から
涙《なみだ》を流《なが》しながら

悪《わる》い渇望《かつぼう》や
暗《くら》い血管《けっかん》を
どれだけ
明《あか》るくしてくれたことか。

音楽隊の序奏《じょそう》と共《とも》に
廃墟《はいきょ》の中にいた
そしてまた
砂塵《さじん》の中に
錆《さ》びるような心でいた
私どもにも星《ほし》が光る。
その電光《でんこう》が
我《われ》らの胸中《きょうちゅう》へ
希望《きぼう》の鼓動《こどう》を
打《う》ち始《はじ》めてくれた。

夏の行進《こうしん》の時は
額《ひたい》に
露《つゆ》の玉《たま》の汗《あせ》を浮《う》かべながら
貴方《あなた》たちは
路傍《ろぼう》の無数《むすう》の人たちに
素敵《すてき》な愛情《あいじょう》の
夢《ゆめ》を贈《おく》った。

天国《てんごく》もいらない
理想《りそう》の言葉もいらない。
貴方たちの
大自然《だいしぜん》の声を
聞いていれば
花を探《さが》す必要《ひつよう》もなく

夢多き
草原《そうげん》の深《ふか》い風と声が
うきうきと
胸《むね》に匂《にお》うようだ。

病《や》める心を
癒《いや》してくれる
君たちの天の響《ひび》き！

無名《むめい》の君たちにこそ
権力者《けんりょくしゃ》たちは
最大《さいだい》の勲章《くんしょう》を
与《あた》えるべきだ。

演奏《えんそう》が終《お》わると

微笑《びしょう》しながら
語《かた》りあう友と友！
二人《ふたり》　そして三人と
貧《まず》しそうな
食堂《しょくどう》に入《はい》りゆく友と友！

人間的な願《ねが》いから
自由に飛《と》ぶように
ファストフード店《てん》や
コンビニに
買物《かいもの》に行く姿《すがた》！
彼《かれ》らには
哀《あわ》れな心臓《しんぞう》などない。

強《つよ》い　雄々《おお》しい
晴《は》れやかな姿《すがた》で
いつも自分自身《じしん》を
裏切《うらぎ》らない大道《だいどう》を
音楽と共《とも》に歩《あゆ》む！

あの成功《せいこう》した後《あと》の
どっと笑《わら》い出す姿に
勝利《しょうり》と満足《まんぞく》の
水晶《すいしょう》のような
笑い声《ごえ》が美《うつく》しい。

「栄光《えいこう》というものを
あらしめる
大事《だい》な基礎《きそ》の一つは

心の芯《しん》を強《つよ》めることだ」と
ある哲人《てつじん》が言った。

その心の芯を
その栄光《えいこう》の芯を
つくるのが訓練《くんれん》である。
この素晴《すば》らしき
人生の勝利《しょうり》の証明《しょうめい》を
堂々《どうどう》と示《しめ》してきたのが
音楽隊の先輩《せんぱい》たちである。

おお
偉大《いだい》なる音楽隊！
おお
偉大なる勝利の行進《こうしん》！

いな　魂《たましい》の行進！
いな　文化の行進！
いな　平和の行進！

彼《かれ》らは
幾《いく》十万の兵隊《へいたい》よりも強い！
言語道断《ごんごどうだん》の権力者《けんりょくしゃ》よりも
はるかに強い！

彼らは
その波動《はどう》の響《ひび》きを
正義《せいぎ》の花とし
その手厳《てきび》しい音律《おんりつ》を
前進《ぜんしん》の合図《あいず》とする。

彼らは
自分の呼吸《こきゅう》と共《とも》に

無数《むすう》の人々を
晴《は》れ晴《ば》れとした
黄金《おうごん》時代へ
天王《てんのう》の使《つか》いとして
導《みちび》いているのだ。

彼《かれ》らの命《いのち》は
明朗《めいろう》だ！
彼らの生命は
勝利《しょうり》だ！
彼らの心は
王者《おうじゃ》だ！

二〇〇〇年八月十四日
恩師《おんし》との出会いより
五十三周年を記念して
敬愛《けいあい》する音楽隊の方々《かたがた》に捧《ささ》ぐ

（ベートーヴェンの言葉は『ベートーヴェンの生涯』片山敏彦訳、岩波文庫。ムソルグスキーの言葉は『ムソルグスキー　その作品と生涯』伊集院俊隆訳、新読書社）

創価学会音楽隊のあゆみ（年表）

◆一九五四年（昭和29年）

5・6	音楽隊が11名で結成。5月度男子青年部幹部会（東京・渋谷公会堂）に於いて。責任者に有島重武氏が就任。
5・9	青年部総登山に16名で音楽隊初出演。雨中にて「日本男子の歌」を演奏。「音楽隊の日」の淵源となる。
6・4	音楽隊主任に有島重武氏が就任。
6・	池田青年室長より「楽器」を贈呈される（6台＝バスドラム、スネアドラム、シンバル、トランペット、トロンボーン、ユーフォニウム）。
6・27	第2回杉並支部総会（東京・星薬科大学講堂）。音楽隊の演奏で入場式が行われる。
10・31	青年部1万人総登山。吹奏行進を行う。
11・3	第11回秋季総会（東京・国技館）で演奏。以後、総会・本部幹部会のたびに出演し演奏。
11・7	青年部主催の第1回体育大会「世紀の祭典」（日大グラウンド）に

12・19	出演。以後、各地で〝若人の祭典〟を開催。のちの文化祭に発展。 第2回女子青年部総会（明治大学記念館講堂）で演奏。

◆一九五五年（昭和30年）

1・16	第3回男子青年部総会（中央大学講堂）で演奏。
8・16	福岡3地区合同総会で初の地方出演。
9・11	第2回「若人の祭典」（日大グラウンド）に出演。

◆一九五六年（昭和31年）

3・27	池田室長が練習会（東京・四谷公会堂）に。結成時に提案があった課題曲（「旧友」他）を演奏する。
4・8	大阪・堺2支部連合総会（大阪球場）に出演。
8・	初代音楽隊長に有島重武氏が就任。
9・23	第3回「若人の祭典」（日大グラウンド）に出演。

◆一九五七年（昭和32年）

5・9	男子部幹部会（東京・品川公会堂）に出演。池田室長が「音楽隊満3年を迎う」と題して指導。
5・12	第1回北海道総会（札幌・中島スポーツセンター）で演奏。
6・30	学生部結成大会（東京・麻布公会堂）で演奏。
7・17	大阪大会の会場となった中之島・中央公会堂前で演奏。
8・2	第12回夏季講習会（静岡）。富士宮市内をパレード。
8・15	北海道音楽隊結成。札幌8名、函館2名。
8・18	第1回北海道体育大会「若人の祭典」（札幌・美香保グラウンド）に出演。
9・8	第4回東日本体育大会「若人の祭典」（横浜・三ツ沢グラウンド）で演奏。戸田会長が「原水爆禁止宣言」を発表。
9・15	関西音楽隊結成（関西本部）。15名。
9・22	第1回西日本体育大会「若人の祭典」（大阪市立運動場）に関西音楽隊が初出場。

◆一九五八年（昭和33年）

3・1　大講堂落慶大法要（静岡）。戸田会長がシンバルを、池田室長がバスドラムを共々に奏する。

3・16　広宣流布の記念式典（静岡）。池田室長が演奏行進の先頭で指揮。「鯱の歌」「日本男子の歌」を演奏する。

4・20　戸田第二代会長学会葬（東京・青山葬儀所）で「星落秋風五丈原」を演奏。

6・　北海道・函館音楽隊結成。13名。

6・29　第1回学生部総会（東京・目黒公会堂）で演奏。

9・23　第5回青年部体育大会「若人の祭典」（国立競技場）で演奏。池田総務より「鷲のメダル」が贈られる。

10・19　九州音楽隊結成。9名。

10・26　戸田第二代会長の墓前（静岡）で演奏。池田総務は、広宣流布は最高の文化建設に通じ、音楽は文化の響きである。日蓮大聖人の哲学を、戸田先生の思想を、感情に託して表現し、流布していくことこそ音楽隊の立場である。世界の大音楽家に育ちゆけと激励。さらに音楽隊はつねに学会の先陣を、そのために信心と行学に励み、全員が必ず教学部員にとの指針を示す。

12・4 男子部合唱団結成。

◆一九五九年（昭和34年）

1・2 音楽隊・鼓笛隊・合唱団の約300名が戸田第二代会長の墓前（静岡）で演奏。

2・8 北海道・釧路音楽隊結成。5名。室蘭音楽隊結成。12名。

4・2 戸田第二代会長一周忌法要。墓前で演奏。

5・1 バッジ授与式（東京・目黒公会堂）。池田総務より代表に「音楽隊バッジ」が授与される。ベートーヴェン作曲の交響曲を演奏。

5・9 山梨県音楽隊結成。

7・14 音楽隊会（学会本部）で新編成発表。（シンフォニックバンド33人、ブラスバンド50人、ドラムバンド40人、リードバンド24人）

7・19 北海道・帯広音楽隊結成。16名。

◆一九六〇年（昭和35年）

4・2　戸田第二代会長二周忌法要。池田総務の指揮で「威風堂々の歌」を演奏。

5・3　池田第三代会長の就任式（日大講堂）。会場前で演奏。

5・17　鶴見・京浜・横浜3支部合同幹部会（川崎市民会館）で演奏。閉会後、池田会長は正面玄関で演奏する音楽隊の太鼓を力強くたたき、「威風堂々の歌」を男女青年部員と共に合唱。

5・29　九州総支部幹部会に出演。鹿児島からも2名が参加。

7・2　弦楽パート発足（東京・両国公会堂）。

7・31　東北音楽隊結成。21名。

8・14　第2回中部・第2回九州体育大会「若人の祭典」に出演。

◆一九六一年（昭和36年）

3・8　関西3総支部合同幹部会（大阪市立中央体育館）で演奏。池田会

	長が「躍進の歌」を指揮。
3・16	青年部第1回音楽祭（東京・世田谷区民会館）を「3・16」にちなみ開催。
3・31	秋田県音楽隊結成。10名。
5・14	中国音楽隊結成。49名。
6・11	中部音楽隊結成。
7・3	第1回全国音楽隊会（東京・両国公会堂）。
7・11	山形県音楽隊結成。11名。
11・5	第10回男子部総会「革命児十万結集」（国立競技場）で演奏。池田会長より初めての制服（紺）350着を授与される。
11・12	福島県音楽隊結成。11名。

◆一九六二年（昭和37年）

3・11	北海道・小樽音楽隊結成。24名。
3・16	第2回青年部音楽祭（文京公会堂）。
4・29	和歌山県音楽隊、京都音楽隊、兵庫県音楽隊が結成。

青森県音楽隊結成。8名。

5・　石川県音楽隊、富山県音楽隊が結成。

7・　北海道・旭川音楽隊結成。22名。

7・18　沖縄音楽隊結成。

7・21　四国音楽隊結成。香川24名、徳島9名、高知17名、愛媛28名。

7・22　岩手県音楽隊結成。25名。

8・4　富士吹奏楽団結成式（静岡）で記念演奏。池田会長より①広宣流布の先駆を②宗教革命の原動力に③第三文明建設の大源泉に、との指針が示される。

8・5　第1回音楽隊夏季講習会（静岡）に池田会長が出席。関西音楽隊が「旧友」を演奏。

10・15　青年部主催の第1回文化祭・第2部（横浜文化体育館）に出演。交響曲「英雄」全楽章を演奏。

10・20　新潟県音楽隊結成。16名。

12・23　第1回音楽隊会（杉並公会堂）。

群馬県音楽隊結成。20名。

◆一九六三年（昭和38年）

2・1	鳥取県音楽隊結成。10名。
2・10	広島県音楽隊結成。
7・	福井県音楽隊結成。
8・4	富士吹奏楽団主催の第1回都民コンサート（上野・不忍池水上音楽堂）。
10・14	民音創立記念演奏会（文京公会堂）で演奏。
10・16	島根県音楽隊結成。30名。
10・29	第1回学会歌集のLPレコード完成（「威風堂々の歌」「世界広布の歌」「歓喜の歌」「革命の歌」「新世紀の歌」「婦人部の歌」）。
11・3	第1回関西文化祭（甲子園球場）に出演。関西吹奏楽団と命名される。
11・13	第1回芸術祭（東京・厚生年金会館）。
12・26	静岡県音楽隊結成。

◆一九六四年（昭和39年）

2・6　日比谷野音コンサート開始（日比谷野外小音楽堂）。富士吹奏楽団主催の都民コンサートに21名で出演（上野・不忍池水上音楽堂から移動）。

3・8　栃木県音楽隊結成。20名。

4・1　大客殿落成慶讃大法要。音楽隊、鼓笛隊、富士・富士宮両市でパレード。

4・24　福山音楽隊結成。10名。

5・7　第1回民音都民コンサート（日比谷野外小音楽堂）。富士吹奏楽団主催の都民コンサートが民音主催となる。

5・9　山口県音楽隊結成。

5・　長野県音楽隊結成。

6・1　男子部幹部会（東京・台東体育館）。男子部に音楽局が設置され、初代局長に有島重武氏が就任。中央は第1吹奏楽団～第3吹奏楽団、管弦楽団、合唱の体制になる。

8・2	池田会長が指針「音楽隊に」を発表（雑誌「第三文明」8月号に寄稿）。
9・6	第1回中部文化祭（名古屋・中日球場）に出演。
11・3	第2回関西文化祭（甲子園球場）に出演。
11・8	東京文化祭（国立競技場）に出演。
12・3	沖縄吹奏楽団発足（沖縄本部）。池田会長が創作曲「歓喜のマーチ」を聞き、激励。

◆一九六五年（昭和40年）

8・6	男子部音楽局に「富士交響楽団」設置。
10・13	第3吹奏楽団から選抜しジャズバンド結成、池田会長が「キングス・ロアー」と命名。

◆一九六六年（昭和41年）

2・16	千葉県音楽隊結成。50名。

3・10　埼玉県音楽隊結成。20名。
3・16　富士管弦楽団結成。
4・3　第1回富士交響楽団研究発表会（中野公会堂）。序曲「軽騎兵」「運命」を演奏。
5・3　茨城県音楽隊結成。15名。
6・　鹿児島県音楽隊結成。
6・21　池田会長が出席し、キングス・ロアーの懇談会。
7・9　第11回水滸会野外訓練（箱根研修所）で演奏。
8・11　第1回少年少女合唱団発表会（静岡）に出演。池田会長と記念撮影。
9・18　関西文化祭（甲子園球場）に出演。〈雨の文化祭〉
10・16　第1回富士吹奏楽団定期演奏会。
10・26　キングス・ロアー・リサイタル（赤坂・草月会館）。

◆一九六七年（昭和42年）

7・27　第22回夏季講習会「高・中・少年部」（静岡）で演奏。池田会長、音楽隊・鼓笛隊と記念撮影。

8・4 男子部夏季講習会（静岡）で演奏。池田会長、音楽隊と記念撮影。

9・1 創価文化会館落慶記念に「運命」を演奏。

9・ 関西男子部合唱団結成。

10・15 東京文化祭（国立競技場）に650名で出演。

◆一九六八年（昭和43年）

2・10 池田会長、茨城県音楽隊と記念撮影。

5・12 岡山県の記念撮影会（倉敷）で「旧友」「花の源義経」等を演奏。

5・20 大分県音楽隊結成。池田会長が出席した記念撮影会（大分県立体育館）で音楽隊が演奏。

6・9 兵庫記念撮影会（報徳学園）で、池田会長が楽器を吹き、メンバーを激励。

8・16 日米友好鼓笛隊交歓会の開会に先立ち、音楽隊がパレード。

◆一九六九年（昭和44年）

2・9	池田会長が関西音楽隊と記念撮影（東大阪市立中央体育館）。
3・9	記念撮影会（広島・呉）に出演。「旧友」を演奏。
3・16	第1回壮年部総会（日本武道館）に出演。
4・20	池田会長が山形県音楽隊に〝私は音楽隊の戦いを知っているから一番最初に見るんだ〟等と激励。
5・3	第32回本部総会（日大講堂）に851名で出演。総会を記念して都内5コースで祝賀パレードを実施。
9・14	しなの合唱団結成。35名。
12・6	第15回中部幹部会（刈谷市民体育館）に出演。池田会長と記念撮影。

◆一九七〇年（昭和45年）

5・3	第33回本部総会（日大講堂）、池田会長就任満10周年を記念して都内6コースに於いてパレードを実施。
9・1	創価女子学園起工式で演奏。記念撮影。
9・6	池田会長から音楽隊の代表に揮毫が贈られる。

◆一九七一年（昭和46年）

1・14	関西第1吹奏楽団が関西吹奏楽団に、第2吹奏楽団が関西ドリル隊に。関西管弦楽団結成。
1・24	第1回富士交響楽団演奏発表会。
1・31	音楽隊長に小林啓泰氏が就任。
2・18	'71九州文化祭で九州音楽隊初のドリル隊が出演。
2・25	'71北海道・雪の文化祭に出演。
4・19	池田会長が随筆「人間革命」で音楽隊結成について寄稿。
4・25	第3吹奏楽団の名称を変更し軽音楽部となる。
5・9	筑後音楽隊結成。
7・14	第1回学会歌祭り（郵便貯金ホール）に出演。
8・10	第26回夏季講習会（静岡）。池田会長、スネアドラムをたたき音楽隊の高等部員を激励。
9・5	東海道音楽隊、関東音楽隊、信越音楽隊結成。
11・20	中部総会で演奏。池田会長からの「表彰状」が授与される。

◆一九七二年（昭和47年）

4・11	兵庫の記念撮影会に池田会長が出席。兵庫県音楽隊が演奏。
8・24	北海道・苫小牧音楽隊結成。11名。
9・15	池田会長が福山音楽隊と記念撮影（福山市体育館）。
10・13	日米音楽隊交歓会（静岡）。
10・15	世界平和文化祭（静岡）に出演。日米の音楽隊と鼓笛隊が富士宮市内をパレード。

◆一九七三年（昭和48年）

4・10	北海道・岩見沢音楽隊結成。15名。
8・5	高等部の夏季講習会（静岡）で演奏。池田会長が「颯爽と　君の指揮あり　同志起つ」と揮毫。
8・24	愛知県音楽隊、岐阜県音楽隊、三重県音楽隊結成。
12・23	全日本マーチングバンドフェスティバル（東京体育館）に出場。

◆一九七四年（昭和49年）

1・31	北海道・北見音楽隊結成。
5・9	池田会長よりメッセージが寄せられ、5月9日が「音楽隊の日」となる。
8・25	音楽隊結成20周年記念第2回音楽隊幹部会（創価学園）。
9・11	奈良県音楽隊結成。44名。
9・15	滋賀県音楽隊結成。
10・8	ミス・ユニバース日本大会（日本武道館）に出演。
10・10	音楽隊記念大会（静岡）に二千名が集う。全参加者による記念演奏の最中、池田会長が入場。マイクを手にした会長は、勇壮な楽奏をもって、広布の友の心の杖となり、柱となってきた懸命の努力を、自己の生涯にわたる偉大なる人間革命、確たる人生軌道の源泉に、と力説。さらに、世界平和の友好親善の使徒として、いつの日か、例えば北京の天安門前広場で、モスクワのクレムリンの広場で、パリの凱旋門、ワシントンの広場などで行進を、との

展望を語り、激励。「音楽隊の記念碑」の建設構想にも言及した。

10・12 池田会長は静岡県音楽隊に、学会には学会の歌がある。学会歌には学会精神がある。草創期より苦しい時も楽しい時も皆で学会歌を歌いながら戦ってきた。学会歌を歌っていこう、と指導。

11・17 第37回本部総会（愛知県体育館）で演奏。記念パレードが雨で中止となり、体育館に待機中の中部音楽隊・鼓笛隊を池田会長が「平和の外交使節」「文化の大外交官」と激励。演奏後、会長より「感謝状」が贈られる。

◆一九七五年（昭和50年）

1・19 全日本マーチングバンドフェスティバル（東京体育館）に出場。

2・16 北海道・網走音楽隊結成。7名。

5・4 会長就任15周年記念式典「'75学会歌まつり」（創価大学）に出演。

8・6 「青年の船」夏季洋上研修（太平洋～ハワイ）に参加。

8・31 北海道音楽隊の碑除幕式（札幌・北海道青年センター）。

9・5 池田会長、音楽隊・鼓笛隊の代表と会食懇談。名実ともに世界一

	に成長した音楽隊、鼓笛隊の前途に限りない期待を寄せつつ祝福。〝笑みをたたえた行進〟〝余裕ある演奏〟との指針を贈る。この日、楽雄グループが発足。
10・10	音楽隊の碑「広布の楽雄之像」除幕式（東京・桜会館）。文京平和会館を経て、現在は東京・新宿区の妙音会館敷地内に設置。

◆一九七六年（昭和51年）

1・18	全日本マーチングバンドフェスティバル（東京体育館）に出場。
2・8	アマチュア音楽祭（NHKホール）に出演。
2・12	中国北音楽隊結成（岡山県津山）。14名。
2・29	北海道・留萌音楽隊結成。19名
3・	楽雄会結成。
7・27	中部堅塁合唱団が、池田会長の前で「熱原の三烈士」を熱唱。
8・3	第2期アメリカンビューグルシアを視察（アメリカ・フィラデルフィア）。
8・27	池田会長より音楽隊の代表に「綾なせる　満天ひびかせ　曲しら

べ　金と銀との　丈夫の姿は」との「色紙」が贈られる。

◆一九七七年（昭和52年）

1・16　第4回マーチングバンド全国大会（東京体育館）に東京と関西のビューグルバンドが出場。

2・22　岡山・美作音楽隊結成。31名。

◆一九七八年（昭和53年）

3・19　東京・新宿区の妙音会館を池田会長が視察。居合わせた音楽隊・鼓笛隊・合唱団を激励。

5・5　第1回音楽隊総会（創価大学グラウンド）。池田会長が出席。

◆一九七九年（昭和54年）

12・16　第2回音楽隊総会（東京戸田記念講堂）。全国の代表が参加。

◆一九八〇年（昭和55年）

8・20	音楽隊長に飯島茂雄氏が就任。
11・9	関西吹奏楽団が全日本吹奏楽コンクールに出場し金賞を受賞。
11・16	音楽隊・鼓笛隊の合同総会（創価大学グラウンド）に池田名誉会長が出席。
12・6	軽音楽部第1回演奏会（東京・葛飾区総合区民センター）。

◆一九八一年（昭和56年）

1・24	日米親善大文化祭（アメリカ・ロサンゼルス）に出演。

◆一九八二年（昭和57年）

3・22	第1回関西青年平和文化祭（大阪・長居陸上競技場）に出演（二千五百名）。

3・27　「音楽隊愛唱歌」が発表される。

4・11　第1回創価文化合唱コンクールに池田名誉会長が出席。関西男声合唱団が出演。

8・22　第1回宮城平和希望祭に池田名誉会長が出席。宮城県音楽隊の未来部33名がドリル演技。「世界広布の歌」他を演奏。「平和グループ」と命名される。

9・19　第2回世界平和文化祭（埼玉・西武球場）に出演。

10・24　関西吹奏楽団が全日本吹奏楽コンクールに出場し金賞を受賞。

11・23　第4回音楽隊総会をコンクール形式で開催（創価大学）。方面代表＝北海道・札幌圏音楽隊、東北・宮城県音楽隊、関東・群馬県音楽隊、東京・第二東京総合本部音楽隊、東海道・神奈川県音楽隊、中部・愛知県音楽隊、信越・長野県音楽隊、北陸・富山県音楽隊、関西・大阪府音楽隊、中国・広島県福山圏音楽隊、四国・高知県音楽隊、九州・福岡県音楽隊。席上、新音楽隊旗が飯島全国隊長に手渡された。

◆一九八四年（昭和59年）

1・19	音楽隊長に笠貫正典氏が就任。
3・11	日米青年合同総会（アメリカ・サンディエゴ）に出演。
3・24	結成30周年記念第5回音楽隊総会（東京会館）。

◆一九八五年（昭和60年）

5・3	「学会歌吹奏楽譜集」発刊。
7・4	ハワイ官約移民100周年記念パレード（カラカウア通り）、第5回世界青年平和文化祭（ハワイ）に関西ビューグルバンドが出演。

◆一九八六年（昭和61年）

10・19	関西吹奏楽団が全日本吹奏楽コンクールに出場し金賞を受賞。

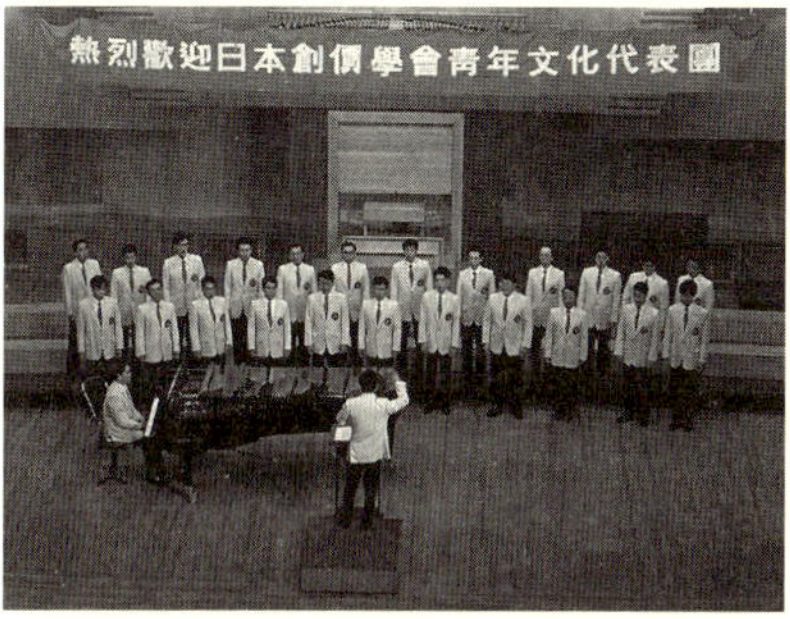

◆一九八七年（昭和62年）

10・18　関西吹奏楽団が全日本吹奏楽コンクールに出場し金賞を受賞。

12・19　関西音楽隊30周年記念特別演奏会でロジェ・ブートリー氏を客演指揮に迎え「ＩＫＩＲＵ　ＹＯＲＯＫＯＢＩ」を初演。

◆一九八八年（昭和63年）

5・4　ブラジル移住80周年記念青年部音楽祭（創価大学）に吹奏楽団と軽音楽部、関西男声合唱団が出演。

8・19　音楽隊長に唐木達也氏が就任。

10・23　関西吹奏楽団が全日本吹奏楽コンクールで3年連続の金賞。

◆一九九〇年（平成2年）

1・21　関西ビューグルバンドがマーチングバンド・バトントワリング全国大会に出場。

8・23 東北池田記念墓地公園に池田名誉会長が初訪問。名誉会長の指揮で宮城県音楽隊が「青葉の誓い」を演奏。

◆一九九一年（平成3年）

1・20 東京と関西のビューグルバンド、岡山マーチングバンド・バトントワリング全国大会に出場。

3・12 3・16記念青年部幹部会・第6回中部総会で中部音楽隊が「アイーダ」「威風堂々の歌」を演奏。

3・21 関西吹奏楽団（金管八重奏）が全日本アンサンブルコンテストに出場し銅賞を受賞。

7・14 男子・女子部結成40周年記念青年部総会で軽音楽部がイギリスのSGIメンバーが作った「道（The Path）」を歌う。

7・29 関西男声合唱団が訪中し「金の橋」合唱コンサートに出演（北京音楽庁）。

10・27 全国青年部幹部会で軽音楽部が演奏。

11・10 日本・トルコ合同文化の集い（創価大学）で神奈川県音楽隊が演奏。

11・16	11・18記念・千葉文化友好祭（千葉・ポートアリーナ）に東京ビューグルバンド、軽音楽部が出演。千葉県音楽隊は「威風堂々」を演奏。

◆一九九二年（平成4年）

1・19	東京と関西のビューグルバンドが全国大会に出場。
4・26	第53回本部幹部会・第8回中部総会で中部音楽隊が「凱旋の道」を演奏。
5・12	東京総会・全国代表者幹部会で軽音楽部が演奏。
8・11	東京ビューグルバンドがマーチング世界選手権〈DCI〉（アメリカ・マディソン市）に出場。
10・24	関西男声合唱団がSGI「ベルリン音楽祭」に出場。
10・25	関西吹奏楽団が全日本吹奏楽コンクールに出場し金賞を受賞。

◆一九九三年（平成5年）

1・17	関西ビューグルバンド、岡山マーチングバンドが全国大会に出場。

7・23	関西男声合唱団が宝塚国際室内合唱コンクールで第1位に。
10・11	音楽隊長に島田圭一氏が就任。
10・24	関西吹奏楽団が全日本吹奏楽コンクールに出場し金賞を受賞。
11・15	タイ特別演奏会（創価大学）に東京ビューグルバンドと東京吹奏楽団が出演。

◆一九九四年（平成6年）

1・23	東京ビューグルバンドが全国大会で初のグランプリ「内閣総理大臣賞」を受賞。岡山マーチングバンドも出場。
9・15	しなの合唱団が結成25周年記念総会を開催。
11・20	創価ルネサンスバンガードがドラム・コー・プレビュー（のちのDCJ・チャンピオンシップ）に出場し優勝。（以後7年連続で優勝）

◆一九九五年（平成7年）

1・22	創価ルネサンスバンガードが全国大会へ出場し「内閣総理大臣賞」

を受賞。関西ビューグルバンドは震災のため出場を断念。

1・28	関西吹奏楽団が第13回世界青年平和文化祭（ハワイ）で演奏。
3・21	関西吹奏楽団（金管八重奏）が全日本アンサンブルコンテストに出場し銀賞を受賞。
8・19	軽音楽部が日米青年合同文化祭（シカゴ）に出演。
10・23	関西管弦楽団（クラージェンストリングス・8名）、しなの合唱団が日中青年親善コンサート（中国・北京）に出演。

◆一九九六年（平成8年）

1・21	創価ルネサンスバンガードが全国大会へ出場し「内閣総理大臣賞」を受賞。岡山マーチングバンドも出場。
1・27	東京吹奏楽団と創価ルネサンスバンガードが第96回本部幹部会で演奏。池田名誉会長から3首の和歌が贈られる。以後、本部幹部会、顕彰授与式等にて演奏するようになる。
6・9	関西男声合唱団が大阪府合唱祭に出演。10年連続出場表彰を受ける。

7・19	東京吹奏楽団が第1回本部幹部会で演奏。池田名誉会長から和歌が贈られる。

◆一九九七年（平成9年）

1・11	第1回全国男女記念幹部会で関東吹奏楽団が「旧友」を演奏、しなの合唱団が新男子部歌「前進の歌」を合唱（東京戸田記念講堂）。
1・19	創価ルネサンスバンガードが全国大会へ出場し「内閣総理大臣賞」を受賞（4年連続）。岡山マーチングバンドも出場。
3・20	関西吹奏楽団（クラリネット八重奏）が全日本アンサンブルコンテストに出場し銀賞を受賞。
5・19	第11回本部幹部会で池田名誉会長から関西の音楽隊代表に文化褒章1号、2号が贈られる。
10・26	東京吹奏楽団が全日本吹奏楽コンクールに初出場し金賞を受賞。
11・3	東京吹奏楽団が創価グロリア吹奏楽団として出発。
11・16	しなの合唱団が都民合唱コンクールで第1位に。

◆一九九八年〈平成10年〉

1・18	創価ルネサンスバンガードが全国大会へ出場し金賞を受賞。創価岡山レインボーサウンズ、鹿児島マーチングバンドも出場。
8・13	音楽隊長に石橋正至氏が就任。
10・18	関西吹奏楽団が全日本吹奏楽コンクールに出場し銀賞を受賞。
11・21	関西男声合唱団が全日本合唱コンクール全国大会で銀賞を受賞。
12・20	関西男声合唱団と関西管弦楽団の代表が韓国ＳＧＩハンガンブラスバンド定期演奏会で交流。

◆一九九九年〈平成11年〉

1・17	創価ルネサンスバンガードが全国大会へ出場し「内閣総理大臣賞」を受賞。関西ビューグルバンド・中部ビューグルバンド・創価岡山レインボーサウンズ・鹿児島マーチングバンドも出場。〈以後、マーチングバンド5団体と表記〉
3・20	創価グロリア吹奏楽団〈クラリネット四重奏〉が全日本アンサン

	ブルコンテストに出場し金賞を受賞。山梨吹奏楽団（クラリネット三重奏）は銀賞を受賞。
5・25	音楽隊有志作曲による新・学会歌「世紀の英雄」が発表される。
5・27	第34回本部幹部会で関西吹奏楽団が演奏（京都平和講堂）。
7・10	音楽隊歌「文化の闘士」が誕生。
10・24	中部吹奏楽団が全日本吹奏楽コンクールに初出場し銀賞を受賞。創価中部サウンド吹奏楽団と命名。

◆二〇〇〇年（平成12年）

1・23	マーチングバンド5団体が全国大会に出場。
3・18	創価グロリア吹奏楽団（クラリネット四重奏）と関西吹奏楽団（クラリネット四重奏）が全日本アンサンブルコンテストに出場し、ともに金賞を受賞。
4・23	東京・新宿区の妙音会館を池田名誉会長が視察。居合わせた音楽隊員を激励。
5・9	「音楽隊の日」にあたり池田名誉会長から3首の和歌が贈られる。

7・29 関西男声合唱団が宝塚国際室内合唱コンクールで金賞を受賞。

8・14 池田名誉会長から長編詩「広布の楽雄！　偉大なる平和の行進」が贈られる。

10・22 中国・陝西省芸術研究所・彫塑院から池田名誉会長へのブロンズ・レリーフ贈呈式で関東吹奏楽団が演奏（創価大学）。創価グロリア吹奏楽団が全日本吹奏楽コンクールに出場し金賞を受賞。山梨吹奏楽団は初出場で銀賞に。創価山梨リード吹奏楽団と命名される。

11・25 関西男声合唱団が全日本合唱コンクール全国大会で金賞を受賞。

12・14 新世紀開幕第52回本部幹部会で関西吹奏楽団と関西男声合唱団が演奏。

◆二〇〇一年（平成13年）

1・7 マーチングバンド5団体が全国大会に出場。池田名誉会長から3首の和歌が贈られる。

1・28 東北音楽隊結成40周年記念演奏会「ニューセンチュリーコンサー

	ト」を開催。
4・1	関西音楽隊フェスティバルを開催（大阪のザ・シンフォニーホール）。合唱132名。オーケストラ133名。
10・21	関西吹奏楽団が全日本吹奏楽コンクールに出場し金賞を受賞。
11・24	関西男声合唱団が全日本合唱コンクール全国大会で銀賞を受賞。

◆二〇〇二年（平成14年）

1・20	マーチングバンド5団体が全国大会に出場。創価ルネサンスバンガードが「内閣総理大臣賞」を受賞。
3・21	創価グロリア吹奏楽団（金管八重奏）が全日本アンサンブルコンテストに出場し金賞を受賞。
4・	創価ルネサンスバンガードがヤマハ・ジュニアバンドライブラリーCDに模範演奏を収録（翌年度版でも収録）。
8・16 18〜	創価グロリア吹奏楽団が韓国を訪問し第1回「韓日親善吹奏楽演奏大会」に出演。
9・22	創価ルネサンスバンガードがジャパンカップ・マーチングバン

ド・バトントワリング全国大会で優勝、しなの合唱団が都民合唱コンクールで3度目の第1位となり、池田名誉会長より和歌が贈られる。

11・3 創価グロリア吹奏楽団が全日本吹奏楽コンクールに出場し金賞を受賞。

11・17 11・18祝賀「音楽隊・鼓笛隊合同演奏会」（創価大学）に池田名誉会長が出席。

11・18 池田名誉会長より「感謝状」が贈られる。

11・22 池田名誉会長が「随筆 新・人間革命」に「創価の楽雄・音楽隊」を寄稿。

◆二〇〇三年（平成15年）

1・19 マーチングバンド5団体が全国大会に出場。

3・8 9 創価ルネサンスバンガードがスペシャルマーチングフェスティバル（沖縄）に出演。

3・21 創価グロリア吹奏楽団（金管八重奏）が全日本アンサンブルコン

テストに出場し2年連続の金賞を受賞。

5・23 音楽隊長に江上聖司氏が就任。

9・14 創価ルネサンスバンガードがジャパンカップで2年連続優勝。

10・19 創価グロリア吹奏楽団が全日本吹奏楽コンクールに出場し2年連続4度目の金賞を受賞。

11・22 関西男声合唱団が全日本合唱コンクール全国大会で銀賞を受賞。

◆二〇〇四年（平成16年）

1・18 マーチングバンド5団体が全国大会に出場。創価ルネサンスバンガードが7度目の「内閣総理大臣賞」を受賞。出場を前に「創価関西Ｊｏｓｈｏサウンズ」「創価中部ファーストスターズ」「創価鹿児島サザンブレイズ」と命名。池田名誉会長から和歌が贈られる。

2〜4 全国各地で音楽隊結成50周年記念演奏会を開催。

音楽文化の旗手に贈る
池田名誉会長のスピーチ・指針集

2004年5月9日　発　行

編　者——創価学会音楽隊
発行者——松　岡　　資
発行所——聖　教　新　聞　社
〒160-8070 東京都新宿区信濃町18
振替口座 00150-4-79407
電話 03(3353)6111(大代表)
印刷所——日本写真印刷株式会社